Rheinisch-Westfälische Akademie der Wissenschaften

Natur-, Ingenieur- und Wirtschaftswissenschaften Vorträge · N 303

Herausgegeben von der
Rheinisch-Westfälischen Akademie der Wissenschaften

30. Jahresfeier am 11. Juni 1980

HANS K. SCHNEIDER

Wirtschaftliches Wachstum – trotz erschöpfbarer natürlicher Ressourcen?

Westdeutscher Verlag

30. Jahresfeier am 11. Juni 1980

CIP-Kurztitelaufnahme der Deutschen Bibliothek

Schneider, Hans K.:
Wirtschaftliches Wachstum – trotz erschöpfbarer natürlicher Ressourcen? : 30. Jahresfeier am 11. Juni 1980 / Hans K. Schneider. – Opladen: Westdeutscher Verlag, 1981.
(Vorträge / Rheinisch-Westfälische Akademie der Wissenschaften: Natur-, Ingenieur- und Wirtschaftswiss. ; N 303)
ISBN-13: 978-3-531-08303-2 e-ISBN-13: 978-3-322-86436-9
DOI: 10.1007/978-3-322-86436-9
NE: Rheinisch-Westfälische Akademie der Wissenschaften ‹Düsseldorf›: Vorträge / Natur-, Ingenieur- und Wirtschaftswissenschaften

Gesamtherstellung: Westdeutscher Verlag GmbH

ISSN 0066-5754 (Vorträge N)
ISSN 0172-3464 (Jahresfeier)
ISBN-13: 978-3-531-08303-2

Inhalt

Begrüßungsansprache

von *Franz Grosse-Brockhoff*, Düsseldorf

Jahresfeiern sind gewissermaßen Wegmarken und Haltepunkte auf unserer Wanderung durch die oft verschlungenen Pfade wissenschaftlicher Forschungsarbeit, an denen die wissenschaftlichen Akademien auch einmal nach außen in Erscheinung treten und etwas von Ihrer Tätigkeit berichten möchten. Daß Sie, sehr verehrte Gäste, daran teilnehmen und damit Ihr Interesse am Leben der Akademie bekunden, veranlaßt mich als erstes, Ihnen für Ihr zahlreiches Erscheinen herzlich zu danken.

Mein erster Gruß gilt Ihnen, sehr verehrter Herr Minister *Schwier* als dem Vertreter des Ministerpräsidenten, der Sie uns auch als Stellvertretender Vorsitzender des Kuratoriums unserer Akademie durch gemeinsame Arbeit eng verbunden sein werden. Daß Sie uns heute die Ehre Ihrer Anwesenheit geben, wissen wir hoch zu schätzen, zumal gerade in diesen Tagen die Zahl Ihrer Terminverpflichtungen besonders groß ist.

Für die Landesregierung von Nordrhein-Westfalen darf ich des weiteren den Minister für Wirtschaft, Mittelstand und Verkehr, Herrn Professor Dr. *Jochimsen,* und Herrn Staatssekretär *Vollmer,* begrüßen.

Wir freuen uns sehr über das Erscheinen von Mitgliedern des Landtags Nordrhein-Westfalen, denen ich einen herzlichen Gruß entbieten möchte.

Für die mit uns befreundeten Akademien der Wissenschaften und Gelehrten Gesellschaften darf ich Herrn Präsident *Otten,* Mainz, der zugleich die Konferenz der Akademien der Wissenschaften vertritt, Herrn Präsident *Fleckenstein,* Göttingen, Herrn Präsident *Haxl,* Heidelberg, Herrn Professor *Hlawka* als Vertreter des Präsidenten der Österreichischen Akademie der Wissenschaften, Herrn Kollegen *Schieder* als Vertreter des Präsidenten der Bayerischen Akademie der Wissenschaften, Herrn Kollegen *Mikat* als Präsident der Görres-Gesellschaft und Herrn Professor *Kraus* als Präsident der Joachim Jungius Gesellschaft der Wissenschaften, Hamburg, begrüßen.

Als Vertreter der ausländischen Staaten begrüße ich Herrn Generalkonsul *Preto,* Portugal, Herrn Gesandten Dr. *Mans,* Österreich, Herrn Konsul *Delić,* Jugoslawien, Herrn Konsul *Benchensi,* Marokko, und Herrn Konsul *Trader,* USA.

Die gute Zusammenarbeit zwischen den Hochschulen unseres Landes und unserer Akademie manifestiert sich in der Anwesenheit der Herren Rektoren und Prorektoren der Universitäten Bochum, Dortmund, Düsseldorf, Duisburg, Essen, Köln, Münster, Paderborn, Siegen und der Sporthochschule Köln, die mit ihren Kanzlern an unserer Jahresfeier teilnehmen.

Als Vorsitzenden der Fördergesellschaften der Universitäten in Düsseldorf und Köln begrüße ich Herrn Senator Dr. *Glatzel* und Herrn Präsident Professor Dr.-Ing. *Hansen.*

Ich bin dankbar, daß als Vertreter der Kirchen Herr Kirchenrat *v. Mutius* für die Evangelische Kirche im Rheinland, von Westfalen und Lippe und Herr Prälat Professor Dr. *Kötting,* in Vertretung S. E. des Bischofs von Münster, unter uns weilen und mit ihrer Anwesenheit ihr Interesse an unserem Wirken bekunden.

Allen anwesenden Vertretern staatlicher und kommunaler Behörden gilt mein herzlicher Willkommensgruß.

Für die Vertreter der wissenschaftlichen Forschungsförderungseinrichtungen begrüße ich den Vorsitzenden des Vorstandes des Stifterverbandes für die deutsche Wissenschaft, Herrn Dr. *Liesen.*

Meinen Willkommensgruß möchte ich schließlich an die Vertreter der Industrie und Wirtschaft, alle Gäste insgesamt, darunter die Vertreter von Presse und Rundfunk, und an die Mitglieder der Akademie richten.

Ihnen, sehr verehrter Herr Kollege Schneider, danke ich sehr herzlich für die Übernahme des Festvortrages.

Im Berichtsjahr haben uns neun Kollegen für immer verlassen. Die Klasse für Natur-, Ingenieur- und Wirtschaftswissenschaften betrauert den Tod ihrer Mitglieder *Werner Forßmann, Erwin Gärtner, Max Schneider, Heinrich Behnke, Emanuel Sperner, Heinz Bittel,* die Klasse für Geisteswissenschaften den Tod ihrer Mitglieder *Richard Alewyn, Günter Jachmann, Josef Kroll.* Ihr wissenschaftliches Werk wurde im letzten oder wird im nächsten Jahrbuch der Akademie gewürdigt.

Die Klasse für Geisteswissenschaften wählte im Frühjahr des Jahres 1980 Herrn Kollegen *Ernst Dassmann* für das Fachgebiet „Alte Kirchengeschichte, Patrologie und Christliche Archäologie“ hinzu. Durch die Zuwahl dieses weiteren ordentlichen Mitglieds der Klasse für Geisteswissenschaften ist die Akademie auf insgesamt 138 ordentliche Mitglieder neben 23 korrespondierenden Mitgliedern angewachsen.

Das Mitglied des Kuratoriums, Herr Ministerpräsident a. D. Dr. *Franz Meyers,* ist auf seinen Wunsch mit Wirkung vom 31. März 1979 aus dem Kreis der Mitglieder des Kuratoriums ausgeschieden. Herr Ministerpräsident Johannes Rau hat zum neuen Mitglied des Kuratoriums Herrn *Hermann*

Josef Werhahn berufen. Ihnen, sehr geehrter Herr Werhahn, gilt unserer besonderer Gruß.

Vor nunmehr zehn Jahren, am 6. Mai 1970, leitete von dieser Stelle aus der damalige Ministerpräsident des Landes Heinz Kühn die Eröffnungsfeier der neugegründeten Rheinisch-Westfälischen Akademie der Wissenschaften mit den folgenden Worten ein: „Heute nun feiern wir die Gründung einer Akademie der Wissenschaften. Wir entsprechen damit jener großen wissenschaftspolitischen Tradition in Europa, die von der Aufklärung an die Organisation der Wissenschaft in Universitäten einerseits und in Akademien andererseits miteinander verbindet. Aber wir gründen unsere Akademie nicht aus Traditionsfrömmigkeit. Es handelt sich vielmehr darum, der bewährten, durch ihre Erfolge und Leistungen ausgewiesenen Arbeitsgemeinschaft für Forschung den ihr angemessenen Rang und die ihr zukommende Verfassung zu geben. Wer der Reihe der großen wissenschaftlichen Akademien eine weitere Einrichtung hinzufügen will, unterwirft sich anspruchsvollen Maßstäben. Wir riskieren das in der Zuversicht, daß, zur Akademie erhoben, die bisherige Arbeitsgemeinschaft für Forschung ihre nützliche Arbeit unter verbesserten Voraussetzungen fortführen werde.“

Ein zehnjähriges Bestehen ist kein Grund zu einem Jubelfest, wohl aber Anlaß, der Gründer und der Initiatoren der zwanzig Jahre früher aus der Taufe gehobenen Arbeitsgemeinschaft für Forschung des Landes Nordrhein-Westfalen in Verehrung und Dankbarkeit zu gedenken: des Landtags, des Ministerpräsidenten Karl Arnold und seines Kabinetts und nicht zuletzt des Initiators Staatssekretär Leo Brandt. Daß unsere Akademie aus der Arbeitsgemeinschaft für Forschung hervorging, gab ihr von Anfang an den Charakter einer modernen wissenschaftlichen Institution, in der die geisteswissenschaftlichen Disziplinen mit den naturwissenschaftlichen, technischen, medizinischen und wirtschaftswissenschaftlichen Fächern – zwar aus Gründen der Zweckmäßigkeit in zwei Klassen getrennt – aber doch nicht nur unter einem Dach, sondern auch im gegenseitigen gedanklichen Austausch und gleicher Zielsetzung verbunden sind. Sie soll, wie Leo Brandt es einmal ausdrückte, eine moderne Akademie und kein Elfenbeinturm sein, ein Haus mit weit offenen Fenstern, durch die der Wind der verschiedenen Meinungen hinein und hinaus weht.

Wir müssen uns an einem solchen Tag fragen, ob die Akademie ihre Aufgaben richtig und im Geiste ihrer Gründer erfüllt. Dazu wäre ein Einblick in die Aufgaben der Akademie notwendig. Aber ich darf mich hier auf die Ausführungen meines Vorgängers im Amt, Herrn Professor Schieder, anläßlich der Jahresfeier 1979 beziehen, dem ich von dieser Stelle aus den großen

Dank aller Mitglieder für seine ebenso weise wie feste Führung unserer Akademie herzlichst ausspreche. An dieser Stelle gilt ihm auch deshalb mein besonderer Dank, weil er mir und den Mitgliedern des Präsidiums einen so vorzüglich arbeitenden Mitarbeiterstab, wie wir ihn in der Geschäftsstelle unserer Akademie haben, hinterlassen hat.

Ich möchte mich heute nur auf einige Punkte beschränken: Den festen Grund, auf dem eine wissenschaftliche Akademie verankert sein muß, bildet das wissenschaftliche Wirken ihrer Mitglieder. Eigene Forschungsarbeit kennzeichnet das Selbstverständnis einer Akademie. Einen gewissen Maßstab der wissenschaftlichen Aktivitäten ihrer Mitglieder geben deren Veröffentlichungen und Vorträge mit den Diskussionsbeiträgen ab. Die Klasse für Geisteswissenschaften hatte im Mai 1980 ihre 249. Sitzung abhalten können, während die Klasse für Natur-, Ingenieur- und Wirtschaftswissenschaften ihre 279. Sitzung durchgeführt hat. Die unterschiedliche Zahl erklärt sich aus der zwei Jahre später gegründeten Sektion der Geisteswissenschaften.

Die Rheinisch-Westfälische Akademie der Wissenschaften konnte seit der Gründung der Arbeitsgemeinschaft für Forschung mit einer stattlichen Zahl von eigenen Publikationen hervortreten. Von der Klasse für Geisteswissenschaften wurden 242 Vorträge, von der Klasse für Natur-, Ingenieur- und Wirtschaftswissenschaften 294 Vorträge veröffentlicht. Die Zahl der in Buchform vorgelegten wissenschaftlichen Abhandlungen beider Klassen beträgt 64. Hinzu kommen noch 11 Veröffentlichungen der Schriftenreihe „Papyrologica Coloniensia" und sechs veröffentlichte Bände der Hegelausgabe.

In dem Ihnen zur heutigen Jahresfeier vorgelegten Jahrbuch 1979, das jetzt zum vierten Mal erscheint, finden Sie auch die Berichte der einzelnen Akademie-Kommissionen, aus denen Sie den wissenschaftlichen Bearbeitungsstand entnehmen können.

Als ein erfreuliches Zeichen der geistigen Kommunikation möchte ich es werten, daß in den jeweiligen Diskussionen zu den Vorträgen sowohl die Mitglieder der geisteswissenschaftlichen wie der naturwissenschaftlichen Klasse, aber auch die in diesen Akademie-Sitzungen anwesenden Gäste (Kollegen der verschiedensten Disziplinen und Vertreter aus Staat, Wirtschaft und Politik) ihre Beiträge zur Verfügung gestellt haben. Mit anderen Worten: Das von C. B. Snow in seiner 1959 erschienenen Schrift „Die zwei Kulturen" beklagte Schisma zwischen Humanisten und Theologen, Literaten und Musischen auf der einen Seite und den Naturwissenschaften und Techniken auf der anderen Seite scheint überwindbar. In diesem gedanklichen Brückenbau zwischen den Geistes-, Natur-, Technischen- und Wirtschaftswissenschaften sehe ich eine besondere Aufgabe der Akademie, die auch über unseren Kreis hinaus mehr und mehr in die Öffentlichkeit ausstrahlen sollte.

Der Austausch der Publikationen mit anderen wissenschaftlichen Institutionen des In- und Auslandes hat erfreulicherweise weiter zugenommen. In enger Kooperation mit der Gerda Henkel-Stiftung wird die Akademie mit weiteren Vortragsveranstaltungen an die Öffentlichkeit treten.

Durch die Rahmenvereinbarung zwischen Bund und Ländern zur Förderung der von der Konferenz der Akademien koordinierten Langzeitforschungsprogramme sah sich die geisteswissenschaftliche Klasse unserer Akademie veranlaßt, sieben weitere Forschungsvorhaben zu betreuen, die über die bisherigen akademieeigenen langfristigen Forschungsprojekte, wie die Herausgabe der Werke Hegels, die Edition von Papyrusurkunden, die Herausgabe des Real-Lexikons und des Jahrbuches für Antike und Christentum sowie die Herausgabe der Acta Pacis, hinausgehen. Die Klasse für Natur-, Ingenieur- und Wirtschaftswissenschaften hat erstmals drei Langzeitforschungsvorhaben in ihr Arbeitsprogramm aufgenommen. Die Akademie hat diese Vorhaben zur Bund-Länder-Finanzierung angemeldet. Es handelt sich um die Vorhaben:

1. „Genaue kartographische Aufnahme der Radiostrahlung aus der Milchstraße und zur Überwachung veränderlicher Galaxienkerne im cm-Wellenbereich“
2. „Großräumige Klimaänderungen und ihre Bedeutung für die Umwelt“
3. „Junger Vulkanismus unter besonderer Berücksichtigung der Eifel“

Alle genannten Vorhaben wurden inzwischen vom Präsidium und Senat der Konferenz der Akademien der Wissenschaften, in der die wissenschaftlichen Akademien in Göttingen, Heidelberg, Mainz, München und unsere Akademie vertreten sind, empfehlend an die Bund-Länder-Kommission für Forschungsförderung und Bildungsplanung weitergeleitet. Bei der Auswahl dieser Langzeitforschungsvorhaben konnte die Akademie Vorschläge in ihre Erwägungen einbeziehen, die von allen drei Fraktionen des Landtags in der Debatte vom 2. Mai 1979 in dankenswerter Weise angeregt worden sind.

Durch Ausschöpfung der sich aus der Rahmenvereinbarung ergebenden Finanzierungsmaßnahmen, die eine Teilung der Kosten zwischen Bund und Ländern vorsieht, soll einmal eine Sicherung der Kontinuität langfristiger Unternehmen (ich nenne zunächst einmal 10–15 Jahre) erreicht werden. Zugleich soll die Struktur der Forschungsförderung durch eine Verlagerung der Finanzierung verbessert werden, beispielsweise von der Deutschen Forschungsgemeinschaft, die ihrer Aufgabe nach keine langfristige institutionelle Förderung betreibt, auf die hierfür geeigneteren wissenschaftlichen Akademien.

Die Hoffnung, daß die genannten Langzeitforschungsvorhaben 1981 anlaufen, wollen wir aufrecht erhalten. Aber ich kann Ihnen eine gewisse Skepsis in dieser Hinsicht nicht vorenthalten. Die jüngsten Informationen über die Finanzierungsmöglichkeiten der neuen Projekte stimmen für 1981 nicht optimistisch. Auch sind uns in den Verhandlungen bestimmte Grenzen gesetzt, die die Erhaltung der Autonomie und des Selbstverständnisses unserer Akademie gebieten, eine Auffassung, in der das Präsidium sich mit der Staatskanzlei unseres Landes einig weiß. Der Gefahr, daß die Akademie nicht eine Institution der Wissenschaftsverwaltung oder gar ein Objekt verwalteter Wissenschaft wird, müssen wir mit aller gebotenen Standfestigkeit entgegentreten. Nichtsdestoweniger wird von seiten der Akademie alles getan, damit die von beiden Klassen in ausgiebigen Diskussionen als zukunftsträchtig und förderungswürdig befundenen Langzeitvorhaben ab 1981 in Angriff genommen werden können.

Die Rheinisch-Westfälische Akademie nimmt unter den wissenschaftlichen Akademien der Bundesrepublik eine Sonderstellung ein. Die Gründung der Arbeitsgemeinschaft für Forschung als der Vorläuferin der Akademie hatte den Zweck, der nach dem Krieg zerrütteten Forschung neue Impulse und neue Möglichkeiten ihrer Realisierung zu geben, aber auch als Beraterorgan der Landesregierung in Fragen der Forschungsförderung zu fungieren. Diese Aufgabe wurde auch im Akademiegesetz als wichtig fortgeschrieben, und die enge Verflechtung der Akademie mit den betreffenden Organen der Landesregierung hat sich und soll sich weiter erhalten. Wenn im Spannungsfeld zwischen Wissenschaft und Politik die Auffassungen der Mitglieder der Akademie über die Gestaltung von wissenschaftlicher Forschung und wissenschaftlichen Organisationsformen nicht so durchgedrungen sind, wie es unseren Vorstellungen entsprach, so sollte dies erst recht für uns ein um so größerer Ansporn sein, unsere Legitimität auf diesem so außerordentlich wichtigen und zukunftsentscheidenden Sektor in vollem Umfang zu nutzen. Die Aufforderung des Ministers für Wissenschaft und Forschung der vergangenen Legislaturperiode, Herrn Professor Jochimsen, an das Präsidium, zu dem „Bericht und Leitvorstellungen zur Situation und Entwicklung der Forschung in Nordrhein-Westfalen“ Stellung zu nehmen, greifen wir dankbar auf. Auch von dieser Stelle aus richte ich an die Mitglieder der Akademie die ermunternde Bitte, diesem Aufruf in bewährter Form Folge zu leisten und gegebenenfalls kritische Ausführungen und eigene Vorschläge zu unterbreiten.

Die Akademie ist auch im vergangenen Jahr ihrer im Gesetz festgelegten Pflicht, die Landesregierung bei der Vergabe von Mitteln zur Förderung von Einzelforschungsprojekten zu beraten, nachgekommen. Von den insgesamt gestellten 626 Anträgen konnten in diesem Jahr nur etwa 40% definitiv und etwa 20% bedingt, d. h. wenn zusätzliche Haushaltsmittel zur Verfügung gestellt werden, befürwortet werden. Ich möchte die Gelegenheit wahrnehmen, den erheblich belasteten, aus dem Kreis der Akademie gewählten Gutachtern sowie den Gutachtern von außerhalb, aber auch den Vertretern des Ministeriums für Wissenschaft und Forschung unseres Landes, herzlich Dank zu sagen. Mit der Förderung von Einzelprojekten wird vor allem den jüngeren Wissenschaftlern eine wirksame Unterstützung zuteil. Regierung und Landtag gilt besonderer Dank für diese Art der Forschungsförderung, die ich den Mitgliedern des Landtags auch für die Zukunft ganz besonders ans Herz lege.

Wie sehr der Akademie an den Fragen der Forschungspolitik gelegen ist, mögen Sie daraus ersehen, daß in einer gemeinsamen Sitzung am 18. April die Mitglieder der Akademie, die Herren Kollegen Otto Pöggeler über die Fragen der Forschungspolitik gegenüber den Geisteswissenschaften und Heinz Breuer über Fragen der Forschungspolitik aus der Sicht der Biowissenschaften vortrugen. Wie aktuell und vielschichtig die Thematik ist, kann daran ermessen werden, daß allein sechzehn Diskussionsredner Beiträge lieferten. Es liegt in der Natur der Sache, daß es auf diesem weiten Feld viele Wege gibt, die nach Rom führen können. Aber gibt es auf dem Wissenschaftsgebiet noch so etwas wie Rom, d. h. existiert noch eine Einheitsidee der Wissenschaft, die doch für die wissenschaftlichen Akademien und ihr Selbstverständnis essentiell sind?

„Einheit zu bewahren und Vielfalt zu ermöglichen" war der Leitgedanke, den bei dieser Diskussion Minister Jochimsen aussprach und den ich dankbar aufgreifen möchte. Daß systematische Wissenschaftsplanung und -förderung heute in allen Wissenschaftsgebieten, vor allem im naturwissenschaftlich-technischen und wirtschaftswissenschaftlichen Bereich, eine unentbehrliche Rolle spielen, darüber bestanden in dieser Sitzung keine grundsätzlichen Meinungsverschiedenheiten. Aber über das „Wie" und das „Wieviel Planung" gab es widersprechende Meinungen. Einige persönliche Bemerkungen zu diesem Thema: Vielfach wird die Ansicht vertreten, daß durch Planung und Bereitstellung von Geldmitteln, nur um ein Beispiel zu nennen, das Krebsproblem gelöst werden könne. Das in den USA durchgeführte Milliardenprogramm auf diesem Sektor hat uns wieder eindrucksvoll gezeigt, daß man Unbekanntes nicht planen kann. Bereits Bestehendes und Zukunftsträchtiges großzügigst zu fördern, ist die eine Seite der Forschungsförderung, Neuland versprechende Ideen eines Forschers aufzuspüren, sie auf ihren wahren Inhalt zu prüfen und danach ggf. großzügigst zu unterstützen, ist die andere ungleich schwierigere und womöglich wichtigere Seite. Auch im Zeitalter des Teamworks werden die neuen großen Durchbrüche von einzelnen Forscherpersönlichkeiten oder im Zusammenspiel einiger Partner erzielt. Ich denke hier an die Aufdeckung der Struktur des grundlegenden genetischen Materials, der DNS, eines der größten wissenschaftlichen Ereignisse unseres Jahrhunderts, für das 1962 Watson, Crick und Wilkins den Nobelpreis für Medizin erhielten. Nicht von ungefähr stellte der letzte Präsident der Deutschen Forschungsgemeinschaft, Heinz Mayer-Leibnitz, seinen ausgewählten Reden und Aufsätzen sein Leitmotiv voran: „Es kommt immer auf die Personen an – das ist mein täglich Wort." In diesem Zusammenhang scheint es mir angebracht, an die Worte des ersten Präsidenten unserer Akademie, des Nobelpreisträgers Karl Ziegler, zu erinnern, dessen bahnbrechende Forschungen auf dem Gebiet der Kunststoffe eine industrielle Umwälzung einleiteten. Bei seiner Berufung von der Universität an das damalige Kaiser Wilhelm-Institut im Jahre 1943 verlangte er „Volle Freiheit der Betätigung im Gesamtgebiet der Kohlenstoffverbindungen ohne Rücksicht darauf, ob dabei irgendwelche direkten Beziehungen zur Kohle erkennbar wären oder nicht." Auch sollten seine Worte über seine späteren Forschungen nicht vergessen werden: „Für den Weg von jenen Anfängen vor vierzig Jahren bis zum heutigen Tag ist es kennzeichnend gewesen, daß ich niemals primär von einem etwa vorgegebenen Problem ausgegangen bin. Die ganze Arbeit hat sich aus einem im *Irrationalen* liegenden Anfang in eine lückenlose Kausalkette von Beobachtungen, Deutungen des Gefundenen, Überprüfung der Deutung durch Neuexperimente, neue Beobachtungen ganz von selbst entwickelt." Beachten Sie bitte die Worte „im Irrationalen liegender Anfang". Ich denke hierbei auch daran, daß dem Mitglied unserer Akademie, Herrn Professor Zahn, die Synthetisierung des Insulins im Wollforschungsinstitut in Aachen, das ursprünglich der Erforschung und Synthese von Wollfasern diente, gelang.

Besteht nicht die Gefahr, daß sich in unserer so nüchternen und rationalisierten verwissenschaftlichten Welt die schöpferische Freiheit begabter Persönlichkeiten, nicht selten begleitet von traumhafter Phantasie, nicht selten auch von skurriler Lebensart geprägt, gar nicht mehr entfalten können? Bleibt noch genug Freiheitsraum, in dem sich neue schöpferische Ideen und deren Gestaltung erst entwicklen können? Diesen für eine erfolgreiche Spitzenforschung so wichtigen Schutz der schöpferischen Freiheit dürfen wir bei allem Respekt für die notwendigen Planungen zur Bewältigung unserer naturwissenschaftlichen technologischen Probleme nicht aus dem Auge verlieren. Hier wachsen den Organisationen der Wissenschafts- und Forschungsförderung – in kleinerem Maßstab auch den wissenschaftlichen Akademien – besondere Aufgaben zu.

Wilhelm von Humboldt hat die Akademie einmal als die höchste und letzte Freistätte der Wissenschaft und die vom Staat am meisten unabhängige

Korporation bezeichnet. Wir wissen um die gesellschaftliche Verantwortung, die schwerer als jemals zuvor auf den Wissenschaftlern lastet und der sie sich nicht entziehen dürfen und können. Wir wissen aber auch, daß es eine weitestmögliche Unabhängigkeit war, die die alten Akademien der Wissenschaften die Wirren der Zeitläufe, Kriege und Revolutionen überstehen ließ. Ich darf darauf hinweisen, daß die Deutsche Akademie der Naturforscher Leopoldina, die vor über 300 Jahren gegründet wurde, außer vielen umwälzenden Ereignissen auch die Zweiteilung unseres Landes überstanden hat und heute noch eine Brücke geistiger Kommunikation und eine Stätte der jährlichen Begegnung in Halle zwischen Wissenschaftlern diesseits und jenseits der Grenzen bildet. Wir wissen es hoch zu schätzen, daß der Landtag diesem Freiheitsraum durch die Verfassung unserer Akademie, die ihre Mitglieder selbst entworfen und deren Aufgaben von ihr selbst bestimmt wurden, Rechnung getragen hat. So darf ich auch anläßlich unserer Jahresfeier der Zuversicht Ausdruck geben, daß die Akademie stets ein Hort der Freiheit der Forschung und des gesamten wissenschaftlichen Lebens sein und bleiben möge.

Wirtschaftliches Wachstum – trotz erschöpfbarer natürlicher Ressourcen?

von *Hans K. Schneider*, Köln

1. *Das ökonomische Problem der natürlichen Ressourcen*

Mit die höchste aller Wachstumsraten verzeichnet seit knapp einem Jahrzehnt die Produktion von Arbeiten über das Thema dieses Vortrages. Alle wissenschaftlichen Disziplinen steuern hierzu bei, angefangen bei der Theologie bis hinunter zur Nationalökonomie, oder anders herum: von der Soziologie bis hinauf zu Physik und anderen Naturwissenschaften. Geradezu unübersehbar ist die Flut der Sekundär-, Tertiär- usw. -Literatur, in der die Botschaft verkündet wird: Stoppt das wirtschaftliche Wachstum, um der weiteren Plünderung des Planeten Erde zu begegnen! Zu einer solchen Schlußfolgerung *muß* gelangen, wer aus vorliegendem empirischen Material einen festen Funktionalzusammenhang zwischen realem Sozialprodukt und Verbrauch an erschöpfbaren natürlichen Ressourcen herausliest und diesen dann unverändert in die Zukunft überträgt. In Wahrheit ist dieser Funktionalzusammenhang kein unverrückbares Datum, sondern ein Problem sowohl für die wissenschaftliche Analyse als auch für die politische Gestaltung.

Aussagen über die künftigen Wachstumsmöglichkeiten sind nicht möglich, wenn man sich ausschließlich auf den Aspekt knapper Rohstoffe beschränkt. Von besonderer Bedeutung sind vielmehr auch die Bevölkerungsentwicklung, der technische Fortschritt und der Zustand der natürlichen ökologischen Systeme. Schon MALTHUS kam 1798 zu seiner düsteren Prophezeiung, wonach der Wohlstand der Individuen langfristig nie über das Existenzminimum ansteigen könne, nur über eine Theorie der Bevölkerungsentwicklung. Wenn die Bevölkerung, wie MALTHUS behauptet, dazu tendiert, in geometrischer Folge zu wachsen, die Nahrungsmittelproduktion hingegen nur in arithmetischer Folge, so muß früher oder später eine durch Hungersnot erzwungene Bevölkerungsbegrenzung eintreten, die jedem nur das physische Existenzminimum beläßt.

Beim Club of Rome[1] gewann erstmals auch die natürliche Umwelt eine umfassende Bedeutung als Wachstumsgrenze. Der Schutz der natürlichen

[1] MEADOWS, D., Die Grenzen des Wachstums, Stuttgart 1972.

Umwelt ist für die Aufrechterhaltung menschlicher Lebensbedingungen von doppeltem Interesse. Zum einen wirkt die Umwelt unmittelbar auf das Wohlbefinden der Menschen. Wenn die Wachstumsrate des Sozialprodukts auch als Indikator für die Veränderung der Wohlfahrt angesehen werden soll, muß dieser Aspekt mit in die Definition von Wachstum aufgenommen werden. Über die unmittelbaren Wirkungen der Umweltqualität auf den Menschen hinaus besteht zudem noch die Interdependenz von Umwelt und Güterproduktion. Eine gegebene Qualität der natürlichen Umwelt bestimmt wichtige Produktionsmöglichkeiten. Als Beispiel sei die Bedeutung der Ozeane für die Ernährung der Menschen in vielen Staaten der Erde genannt. Diese Funktion können die Weltmeere nur erfüllen, wenn ihr ökologisches Gleichgewicht intakt bleibt. Die Produktion von Gütern verändert ihrerseits den Zustand der Umwelt, indem diese einmal Hilfsmittel zur Produktion bereitstellt (Umwelt als Produktionsfaktor) und zum andern Abfallprodukte der Güterproduktion und des Güterkonsums aufnimmt.

Aus dieser ständigen Interaktion zwischen natürlicher Umwelt und wirtschaftlicher Produktion greifen wir allein den Aspekt des Einsatzes erschöpfbarer natürlicher Ressourcen für den Produktionsprozeß heraus. Dabei wollen wir uns auf die Frage konzentrieren, ob wirtschaftliches Wachstum bei Vorliegen von erschöpfbaren Ressourcen langfristig überhaupt *möglich* ist. Die normative Frage der *Erwünschtheit* einer wachsenden Güterproduktion bei zunehmender Beeinträchtigung der natürlichen Umwelt wird in diesem Referat nicht behandelt.

Bei der Diskussion unseres Themas wollen wir wie folgt vorgehen. Zunächst sei gefragt, was ökonomische Knappheit einer erschöpfbaren Ressource bedeutet und wie die aktuelle Knappheitssituation gemessen werden kann. Anschließend analysieren wir theoretisch die Konsequenzen der Erschöpfbarkeit von natürlichen Ressourcen für die Wachstumsmöglichkeiten unter alternativen Annahmen über Bevölkerungsentwicklung, technischen Fortschritt und Substitutionsmöglichkeiten dieser Ressourcen. Im letzten Teil werden wir die als vorläufig anzusehenden empirischen Ergebnisse über den Zusammenhang zwischen Wachstum und erschöpfbaren Ressourcen vorstellen und diskutieren, welche Prognosen für die Zukunft daraus abgeleitet werden können.

2. *Indikatoren für die Knappheit erschöpfbarer Ressourcen*

Die Knappheit erschöpfbarer natürlicher Ressourcen unterscheidet sich fundamental von der Knappheit konventioneller Konsum- und Investitionsgüter. Besteht ein akuter Mangel an letzteren, so kann man diesen Mangel überwinden, indem man deren Produktion ausdehnt. Diese Güter sind nur deswegen knapp, weil bei ihrer Herstellung nicht unbegrenzt zur Verfügung stehende Produktionsfaktoren Kapital und menschliche Arbeit anderen Verwendungen entzogen werden müssen. Zusätzlich zu dieser Knappheit, die auch bei den natürlichen Ressourcen besteht, weil zu ihrer Gewinnung Kapital und Arbeit eingesetzt werden müssen, besteht die besondere Knappheit der erschöpfbaren Ressource darin, daß jede heute geförderte Einheit einen Verzicht auf die Gewinnung einer Ressourceneinheit in der Zukunft impliziert. Das Gesamtvorkommen der Ressource in der Erdkruste ist ja fest gegeben, d. h. durch Einsatz von Arbeit und Kapital nicht vergrößerbar.

Von zentraler Bedeutung für das ökonomisch effiziente Zeitprofil der Gewinnung und Nutzung einer erschöpfbaren natürlichen Ressource ist nun, daß ihre spezifische Knappheit adäquat gemessen wird und demzufolge in den Entscheidungen der Produzenten und Verbraucher berücksichtigt werden kann. Eine Unterschätzung der Ressourcenknappheit hätte zur Folge, daß in der Gegenwart eine zu große Menge gefördert und verbraucht würde; die Ressource würde, ökonomisch gesehen, verschwendet. Im Gegenfall einer Überschätzung der Ressourcenknappheit träte eine nicht notwendige Wachstumseinbuße ein; die Güterversorgung wäre suboptimal.

Wir wollen kurz verschiedene Knappheitsindikatoren der erschöpfbaren Ressourcen vorstellen und sie auf ihre Eignung zur Beurteilung der ökonomischen Knappheit untersuchen.

Der in der Praxis gebräuchlichste Maßstab zur Kennzeichnung der gegenwärtigen Knappheit einer erschöpfbaren Ressource ist das *Restlebenszeitkonzept.* Man erhält die Anzahl der Jahre, für die die Rohstoffversorgung bei konstantem jährlichen Verbrauch *mindestens* gesichert ist, durch den Quotienten aus nachgewiesenen *Reserven*[2] und jährlichem Verbrauch des betreffenden Rohstoffes. Die Tabellen 1 und 2 informieren über den derzeitigen Stand der Reserven und der Restlebenszeiteinschätzungen für einige wichtige erschöpfbare Ressourcen.

[2] Bei den Reserven handelt es sich um den Teil des Gesamtvorkommens eines Rohstoffs oder Energieträgers, der unter den *gegenwärtigen* technischen und ökonomischen Bedingungen als gewinnbar beurteilt wird (vgl. auch Abb. 1).

	Kupfer[1]	Blei[1]	Zinn[1]	Zink[1]	Bauxit	Chrom[2]	Molybdän[1,3]
1950	100,0	40,0	6,9	70,0	1.400	NV	NV
1965/66	195,0	93,4	NV	75,3	5.964	2.414	2,2
1975/76	408,2	150,0	10,2	135,3	17.272	2.841	6,0
1977	456,0	124,0	10,2	150,0	NV	NV	9,0

NV: Nicht verfügbar

Quelle: Interfutures, OECD, Paris 1979.

[1] Metallgehalt
[2] Cr_2O_3-Gehalt
[3] Nur westliche Länder

Tabelle 1: Rohstoffreserven 1950, 1965/66, 1975/76 und 1977 (in Mio t)

Wie wenig brauchbar jedoch das Restlebenszeitkonzept von Reserven als Grundlage für ökonomische Entscheidungen ist, zeigt sich schon daran, daß die Restlebenszeiten der meisten Rohstoffe in der Vergangenheit keine eindeutig fallende Tendenz aufwiesen. Im Gegenteil, bei den meisten Rohstoffen hat die Erhöhung der Reserven pro Jahrfünft (oder Jahrzehnt) den Verbrauch dieses Rohstoffes überstiegen. Sogar für das als besonders knapp geltende Mineralöl traf dies bis vor wenigen Jahren zu. Das Restlebenszeitkonzept, bezogen auf die Rohstoff*reserven*, beurteilt die Rohstoffversorgung in der Zukunft somit übermäßig pessimistisch.

Statt der Reserven werden gelegentlich auch die insgesamt abbaufähigen Ressourcen bei der Schätzung der Restlebenszeit verwandt. Die insgesamt abbaufähigen Ressourcen müssen unter Verwendung von Annahmen über die relative Häufigkeit der Minerale in der Erdkruste und aufgrund von Erwartungen über die Entwicklung der technischen Abbaumöglichkeiten und der Preise geschätzt werden. Selbst bei den heute besonders knappen Mineralien wie Kupfer, Blei, Zink und Silber ergibt sich nach diesem Konzept eine Sicherung der Rohstoffversorgung für mehrere hundert Jahre[3]. Auch beim Mineralöl tritt etwa eine Verdreifachung der Restlebenszeit auf annähernd ein Jahrhundert ein. Bezieht man zusätzlich das Schweröl, das Öl in den Teersanden und im Ölschiefer mit ein, so dürfte sich die Restlebenszeit des Mineralöls noch einmal verdoppeln, wenn man den heutigen Verbrauch zugrundelegt.

Bei diesem erweiterten Restlebenszeitkonzept ist jedoch zu bedenken, daß der größte Teil der Rohstoffe nur unter erschwerten Bedingungen, das heißt

[3] NORDHAUS, William, D., Resources as a Constraint on Growth, in: American Economic Review, Vol. 64, 1974, S. 22–26.

	Restlebensdauer in Jahren
Rohstoffe[1]	
Silber	20
Asbest	22
Zink	27
Blei	29
Zinn	42
Kobalt	44
Kupfer	54
Wolfram	57
Nickel	83
Molybdän	108
Mangan	185
Eisen	194
Bauxit	über 200
Titan	über 300
Chrom	über 300
Vanadium	über 300
Primärenergieträger[2, 3]	
Konventionelles Rohöl	28,4
Erdgas	50,6
Kohlenwasserstoffe insgesamt[4]	53,9
feste Brennstoffe	217,9
fossile Energieträger insgesamt	104,7

1 Bei konstanter Nachfrage von 1976.
2 Bei konstanter Produktion von 1979.
3 Nachgewiesene förderbare Reserven.
4 Rohöl plus Gaskondensate plus Erdgas plus nicht-konventionelle Kohlenwasserstoffe (Teersande, Ölschiefer).

Quellen: OECD, Interfutures, Paris 1979; BP, Statistical Review of the World Oil Industry 1979; Bundesanstalt für Geowissenschaften und Rohstoffe, Survey of Energy Resources 1980.

Tabelle 2: Restlebensdauer der Weltreserven ausgewählter Rohstoffe und fossiler Energieträger (bei unverändertem Verbrauch)

unter hohen Kosten und insbesondere hohem Energieaufwand, gewonnen werden kann. Der Energieaufwand der Gewinnung von Öl aus den geologisch ungünstigsten Lagerstätten des Ölschiefers könnte, wenn keine bessere als die heute bekannte Technik zur Verfügung steht, z. T. sogar den Energieertrag übersteigen[4]!

4 Vgl. SCHNEIDER, Hans K., The World-Wide Prospects of Non-Conventional Oil and Natural Gas. Vortrag bei der Academie Pontificale des Sciences anläßlich des Seminars „L'Humanite et l'Energie" am 10. 11. 1980 in Rom (Manuskript!).

Ausschließlich die Entwicklung der Gewinnungskosten eines Rohstoffes oder Energieträgers berücksichtigt der von BARNETT und MORSE[5] vorgeschlagene Knappheitsmaßstab. In ihrer Untersuchung der realen Kosten pro Einheit des Rohstoffes kommen sie zu dem überraschenden Ergebnis, daß außer bei Holz die realen Kosten der Ressourcengewinnung in der Vergangenheit für alle Rohstoffe zurückgegangen sind. Sie ziehen daraus den Schluß, daß es keine Anzeichen für eine zunehmende Verknappung der Rohstoffe gebe[6].

Der Hauptmangel dieses Maßstabs ist darin zu sehen, daß er die Nachfrageseite völlig außer acht läßt und nichts über die Knappheit des Rohstoffs oder Energieträgers als solchen aussagt. Die ökonomische Knappheit einer Ressource kann wesentlich stärker zunehmen als ihre (durchschnittlichen) Gewinnungskosten, die ja nur den Faktoreneinsatz bei der Extraktion messen, nicht aber die veränderte Knappheit der Ressource selbst.

Den theoretisch befriedigenden Maßstab für die Knappheit der Ressource *in situ und* für die *extrahierte* Ressource liefert die dynamische Allokationstheorie erschöpfbarer natürlicher Ressourcen. Die Knappheit der Ressource in der Lagerstätte („in situ") wird in dynamischen Konkurrenzmodellen[7] durch die unter Konkurrenzbedingungen erzielbare „Rente" der Ressource, das ist ihr Nettopreis (Preis minus Grenzkosten), gemessen, die Knappheit des extrahierten Rohstoffs durch ihren Marktpreis. Für die Wirtschaftspolitik eines rohstoffproduzierenden Landes gibt der in situ-Preis den Wertmesser für diesen Teil des volkswirtschaftlichen Kapitalbestandes ab. Für die Wirtschaftspolitik eines rohstoffimportierenden Landes ist primär der Marktpreis des extrahierten Rohstoffs relevant; denn auf diesen Preis hat sie sich bei ihren Planungen einzustellen.

In der dynamischen Allokationstheorie erschöpfbarer natürlicher Ressourcen findet der allgemeine theoretische Ansatz für die Kostenbestimmung eine spezielle Anwendung. Die mit einer bestimmten Verwendung eines Produktionsfaktors verbundenen Kosten („Opportunitätskosten") bestehen in dem dadurch verursachten Nutzenentgang in der nächstbesten Verwendung. Dieser Nutzenentgang wird durch den Preis des Produktionsfaktors gemessen; sein Preis reflektiert sowohl die Intensität der Nachfrage als auch

[5] BARNETT, H. J. und MORSE, C., Scarcity and Growth: The Economics of Natural Resource Availability. Baltimore 1963.

[6] BARNETT hat 1979 die Berechnung der Studie von 1963 fortgeschrieben und kam dabei zu dem Ergebnis, daß kein Grund vorliege, die fundamentalen Schlußfolgerungen von damals zu modifizieren. BARNETT, H. J., Scarcity and Growth Revisited, in: Scarcity and Growth Reconsidered, SMITH, V. K. (Hrsg.), Baltimore and London 1979.

[7] PINDYCK, Robert S., The Optimal Exploration and Production of Nonrenewable Resources, in: Journal of Political Economy, Vol. 86 (1978), S. 841–861, hier S. 854.

die Bewertungen auf der Angebotsseite. Im Falle einer erschöpfbaren natürlichen Ressource bestehen die Kosten der heutigen Ressourcennutzung in dem erwarteten zukünftigen Nutzenentgang. Der Eigentümer der Ressource muß, wenn er heute eine Tonne Rohöl mehr fördert, auf einen Nutzen in Höhe des Nettopreises verzichten, den ihm oder einer nachfolgenden Generation eine spätere Förderung erbringen würde. Der auf die Gegenwart diskontierte erwartete Nutzenentgang (Nettopreis) mißt die Opportunitätskosten heutiger Ressourcennutzung. Diese Opportunitätskosten können praktisch vernachlässigt werden, wenn der Zeitpunkt für die physische Erschöpfung einer Ressource sehr weit in der Zukunft liegt und wenn der unter Konkurrenzbedingungen erzielbare Nettopreis nachfrage- oder kostenbedingt niedrig veranschlagt wird. Durch die Diskontierung wird der Gegenwartswert des in diesem Falle niedrig bewerteten künftigen Nutzenentgangs derart stark verringert, daß er für die heute zu treffenden Entscheidungen über die Ressourcennutzung bedeutungslos wird. Dies ist der Fall bei den sehr reichlich vorhandenen Rohstoffen und Energieträgern, die wie z. B. Eisenerz oder Kohle außerdem noch einer intensiven Substitutionskonkurrenz ausgesetzt sind. Völlig anders ist die ökonomische Knappheit des konventionellen Mineralöls zu beurteilen. Seine errechnete Restlebenszeit ist die kürzeste aller Energieträger und seine Substitution durch andere Energieträger verursacht sehr hohe Kosten. Die Opportunitätskosten des konventionellen Mineralöls machen daher das Vielfache der Extraktionskosten der großen Lagerstätten aus.

Die präzise allgemeine Antwort auf die Frage nach optimalem Förderprofil und korrespondierendem Preispfad gibt die Theorie der erschöpfbaren Ressourcen. Vernachlässigt man jegliche Form der Unsicherheit, ist die Förderung eines gegebenen Vorrats dann optimal über die Zeit verteilt, wenn der Nettopreis mit einer Wachstumsrate zunimmt, die dem Zinssatz für vergleichbare Kapitalanlagen (gleiche Risikoklasse usw.) entspricht. Der Nettopreis und der Preis der Ressource steigen, wenn man konstante Grenzkosten unterstellt, exponentiell mit dem Zinssatz (HOTELLING-Regel). Tatsächlich steigen die Extraktionskosten mit fortschreitender Ausbeutung. Unter dieser Bedingung sinken die Opportunitätskosten mit der Annäherung an den Zeitpunkt der Erschöpfung der wirtschaftlich gewinnbaren Vorräte[8]. Der physische Gesamtvorrat des Rohstoffs wird in der Regel nicht erschöpft. Vielmehr endet die Ausbeutung, wenn die Extraktionsgrenzkosten das Niveau des

[8] Siehe SCHNEIDER, Hans K. und SCHULZ, W., Die optimale Nutzung erschöpfbarer Energieressourcen. In: Ökonomische Probleme der Umweltschutzpolitik, Schriften des Vereins für Socialpolitik, N.F. Bd. 91, Berlin 1976.

Maximalpreises übersteigen. Dieser Maximalpreis kann durch den Preis eines engen Substitutionsgutes (beim konventionellen Erdöl: synthetisches Öl aus Kohle, Teersanden u. a.) oder – bei fehlenden engen Substitutionsgütern – durch den höchsten Preis bestimmt werden, den die Nachfrage zu zahlen bereit ist.

Für den extrahierten Rohstoff ist der aus dem Optimierungskalkül abgeleitete Wettbewerbspreis der adäquate Knappheitsindikator. Mit den Extraktionsgrenzkosten erfaßt er die Inanspruchnahme der knappen Faktoren Arbeit und Kapital. Der diese Grenzkosten übersteigende Preisanteil, d. h. der Nettopreis, erfaßt die Knappheit der Ressource in situ.

3. Das Zeitprofil optimaler Ressourcennutzung

Die von der dynamischen Allokationstheorie erarbeiteten Knappheitsmaßstäbe können, wenn entsprechende konkrete Modelle vorliegen, unmittelbar für die Knappheitsmessung verwandt werden. Die Theorie ermöglicht aber auch Aussagen über die realen Märkte und ihre Fähigkeit, die Knappheit adäquat zu messen. Ein wichtiges Ergebnis der theoretischen Arbeit ist, daß die in der Öffentlichkeit geäußerte Sorge, eine Steuerung der Ressourcennutzung durch Marktpreise führe zur Verschwendung, generell nicht angebracht ist. Die Preise der ökonomisch besonders knappen Ressourcen steigen auch unter den Bedingungen der realen Märkte mit fortschreitendem Abbau monoton. Der Preisanstieg sorgt dafür, daß die Verwender pfleglich mit der Ressource umgehen und sie mehr und mehr durch weniger knappe natürliche Ressourcen oder vermehrten Einsatz anderer Produktionsfaktoren substituieren. Ist das Angebot monopolisiert, so tritt in den frühen Phasen der Ressourcennutzung eine monopolbedingte Preiserhöhung ein, die das Zeitprofil der Nutzung noch stärker in die Zukunft verschiebt. Die wichtigste Voraussetzung für eine effiziente Ressourcennutzung besteht in einer Regelung der Eigentumsverhältnisse und Nutzungsbedingungen, die dafür sorgt, daß der heute über die Ressourcennutzung Entscheidende die Opportunitätskosten seiner Entscheidung vollständig und adäquat berücksichtigt. Vollständig berücksichtigen heißt, daß nicht bestimmte Kosten auf Dritte abgewälzt werden können[9]. Adäquat berücksichtigen heißt vor allem, daß die zeitliche Perspek-

[9] Im Falle eines Öl- oder Gasfeldes, das von mehreren Unternehmen gleichzeitig ausgebeutet wird, beeinträchtigt die Förderung jedes einzelnen die Förderbedingungen der Nachbarn. Wenn keine Regelung der Ausbeutungsbedingungen erfolgen würde, wäre jedes Unternehmen an einer möglichst schnellen Ausbeute interessiert. Die Forcierung der Förderung würde in der Regel auch die physische Ergiebigkeit des Feldes beeinträchtigen.

tive des Ressourcennutzers nicht verkürzt ist und er demzufolge den künftigen Nutzenentgang nicht zu gering veranschlagt.

Ein Musterbeispiel für falsche Preisbildung, die ihren Ursprung nicht in einem „Versagen des Marktes", sondern in einer mangelhaften Eigentums- und Nutzungsregelung hat, ist die Rohölpreisbildung der Jahre bis 1973.

Nach einem anhaltenden Rückgang des in konstantem 1973er US-$ gerechneten, d. h. *realen* Rohölpreises seit Mitte der fünfziger Jahre bis zum Jahre 1973 sprang der Preis innerhalb weniger Monate auf das Vierfache, blieb von 1974 bis 1978 angenähert konstant und erhöhte sich seitdem noch einmal auf mehr als das Doppelte. Gewiß spielt bei dieser Preisentwicklung auch monopolistische Ausbeutung eine Rolle; der den Anbietern zufließende hohe Nettoerlös spiegelt nicht nur die wachsende Knappheit des Rohöls, sondern zu einem erheblichen Teil auch die Marktmacht wider, die das Anbieterkartell seit 1971 gewinnen konnte. In jedem Falle aber entsprach der niedrige reale Rohölpreis bis zum Jahre 1973 nicht der wirklichen Knappheit dieses Energieträgers. Und es war nicht Marktversagen, das diese falsche Bewertung verursacht hatte; ausschlaggebend waren vielmehr nicht-adäquate Rahmenbedingungen für das Verhalten der ölfördernden Unternehmen.

Die Gründung der OPEC im Jahre 1961 hatte zunächst keine Auswirkungen auf die Preishöhe. Sie war nur ein erstes Signal für eine – möglicherweise – bevorstehende Änderung der Förder- und Preispolitik der Ölländer. In den folgenden Jahren kündigten sich in wichtigen Förderländern, z. T. als Folge innenpolitischer Machtverschiebungen, grundlegende Veränderungen in den Verfügungsverhältnissen der Ölquellen an. Diese mußten jedem der dort tätigen Ölunternehmen klar machen, daß langfristig nicht mehr nahezu autonom über die Fördermenge entschieden werden könne. Der Planungshorizont der Ölunternehmen wurde dadurch radikal verkürzt, mit dem Ergebnis, daß die Opportunitätskosten der Ölgewinnung für die Unternehmen irrelevant wurden. Die schnell zunehmende Ölförderung drückte anhaltend auf den Ölpreis. Die abrupte Preiskorrektur im Winter 1973/74 erfolgte im Zusammenhang mit Neuregelungen der Verfügungs- und Eigentumsverhältnisse der Ölförderung in wichtigen Ölexportländern. Eine Preiskorrektur, möglicherweise früher und sicherlich weniger abrupt, wäre aber auch dann eingetreten, wenn die Ölunternehmen nicht durch die Unsicherheit über ihre langfristigen Verfügungsrechte zu einer Verkürzung ihres Planungshorizonts und damit zu einer expansiven Angebotsstrategie gezwungen worden wären. Jedenfalls haben die internationalen Ölgesellschaften schon in den sechziger Jahren auf die langfristige Verknappung des konventionellen Mineralöls hingewiesen und auch bereits früh begonnen, ihre Primärenergiebasis durch Zukauf von Kohlebergbau-Unternehmen zu diversifizieren.

4. *Aussichten für langfristiges Wirtschaftswachstum*

Die starken Erhöhungen der realen Preise für wichtige Rohstoffe, insbesondere für Energieträger, die wir in der jüngsten Zeit verzeichnen, signalisieren eine zunehmende Knappheit dieser Ressourcen. Diese zunehmende Knappheit ist also schon für die nähere Zukunft eine Herausforderung, der die Wirtschafts- und Gesellschaftspolitik ausgesetzt ist. Was können wir nun mit Hilfe der ökonomischen Theorie über die Wachstumsmöglichkeiten in einer durch knapper werdende natürliche Ressourcen gekennzeichneten Lage sagen?

Für eine Antwort auf diese Frage ist eine detaillierte Analyse des Einsatzes der natürlichen erschöpfbaren Ressourcen bei der Produktion notwendig. Entscheidend ist in diesem Zusammenhang, wie produktionsnotwendig der Einsatz natürlicher Ressourcen neben den anderen Produktionsfaktoren, reproduzierbares Kapital und menschliche Arbeit, ist. Man nennt eine natürliche Ressource „essentiell" für die Produktion eines bestimmten Gutes, wenn ohne Verwendung dieser Ressource die Herstellung des betreffenden Gutes gänzlich unmöglich ist. Faßt man etwa die fossilen Energieträger, auf die heute rd. 95% des Energieverbrauchs in der Welt entfallen, zu einer natürlichen Ressource zusammen, so ist die Annahme der Essentialität dieser Ressource realistisch, da ohne den Einsatz dieser Ressourcen tatsächlich eine Produktion nicht möglich wäre.

Definiert man den Begriff der Erschöpfbarkeit im physischen Sinn und unterstellt demgemäß ein festes endliches Gesamtvorkommen der Ressource auf dem Erdball, so lassen sich leicht Wachstumsgrenzen für die ökonomische Produktion konstruieren. Angenommen, eine einzige Produktionstechnik sei fest vorgegeben und es gebe folglich keinerlei Spielraum für Veränderungen in den Einsatzverhältnissen der Produktionsfaktoren. Dann ist es zwingend notwendig, für die Herstellung einer Einheit des Sozialprodukts die Produktionsfaktoren Kapital, Arbeit und erschöpfbare Ressource in festen prozentualen Anteilen einzusetzen. Eine derartige Vorstellung besaßen beispielsweise alle die, welche bis in die jüngere Zeit behaupteten, für jedes Prozent Sozialproduktwachstum sei ein Prozent Wachstum des Primärenergieverbrauchs unerläßlich. In einer solchen Welt ergeben sich offenbar definitive Wachstumsgrenzen für das Sozialprodukt. Mehr noch, es wird nicht einmal möglich sein, die aktuelle Produktion über sehr lange Zeit hinweg aufrechtzuerhalten. Da nämlich die insgesamt gewinnbaren Mengen der fossilen Energieträger begrenzt sind, für die Produktion einer Einheit des Sozialprodukts aber ein fester Energieanteil notwendig ist, der nicht durch Kapital und Arbeit ersetzt werden kann, ist insgesamt maximal eine gesellschaftliche

Produktion in Höhe des Quotienten aus Ressourcenvorrat und Anteil der Ressource an der Produktion möglich.

Aufgrund ähnlicher Überlegungen sind MEADOWS und der Club of Rome zu ihren außerordentlich pessimistischen Aussagen über die Zukunft des wirtschaftlichen Wachstums gelangt. Gewiß, die Autoren behaupten nicht, die künftige Entwicklung prognostizieren zu wollen, doch stellen die von ihnen vorgestellten Szenarien Entwürfe von Entwicklungen dar, die sie für möglich halten. Die Frage ist nun, ob Modelle dieser Art die wirklichen Produktionsmöglichkeiten adäquat beschreiben. Die Antwort fällt nicht schwer und lautet generell „nein", da bei diesen Ansätzen weder Substitutionsmöglichkeiten der essentiellen erschöpfbaren Ressourcen noch technischer Fortschritt berücksichtigt werden. Darüber hinaus sind sowohl die Annahme der physischen Erschöpfbarkeit als auch die der essentiellen Bedeutung der natürlichen Ressourcen zumindest teilweise unrealistisch. – Es ist eigenartig, daß Systemanalytiker, die an die Existenz von Rückkopplungseffekten gewöhnt sein müßten, bei ihren Langfrist-Szenarien vollständig davon absehen, irgendwelche (hier: negative) feed backs in das System einzubauen!

Beschreiben wir nun der Reihe nach diese Argumente, die deutlich machen, warum trotz erschöpfbarer Ressourcen auch sehr langfristig Wachstumsmöglichkeiten für die ökonomische Produktion vorliegen können.

Ein Grund dafür, daß in die pessimistischen Szenarien zukünftigen Wachstums die Substitutionsmöglichkeiten erschöpfbarer Ressourcen durch Kapital und Arbeit oder durch andere natürliche Ressourcen nur unzureichend Eingang gefunden haben, mag die fehlende Unterscheidung von kurz- und langfristigen Anpassungsprozessen gewesen sein. Kurzfristig trifft es in aller Regel zu, daß eine Ressource wie beispielsweise das Mineralöl nur in geringem Umfang durch reproduzierbares Kapital und Arbeit oder andere weniger knappe natürliche Ressourcen ersetzt werden kann. Denn die Energieanwendung und die Energieumwandlung sind immer an spezifische Geräte gebunden, und deren Ersatz durch Kapitalgüter mit anderen spezifischen Verwendungen vollzieht sich nur im Rahmen der laufenden Investitionstätigkeiten. Auf lange Sicht sind daher die Substitutionsmöglichkeiten wesentlich umfangreicher. Entscheidend dabei ist die rechtzeitige Einleitung der Substitutionsprozesse über richtige Preissignale an die Investoren und Konsumenten. Insofern kommt dem Marktpreis der Ressource eine grundlegende Bedeutung zu. Wird er über staatliche Subventionen, Preiskontrollen o. ä. künstlich niedrig gehalten und gibt er demzufolge die falschen Knappheitssignale an Investoren und Verbraucher weiter, so werden die aufgrund der tatsächlichen Knappheitsverhältnisse notwendigen Substitutionsprozesse gar nicht oder nur unzureichend eingeleitet.

Die mögliche Substitution von natürlichen Ressourceninputs durch erhöhten Kapitaleinsatz kann man sich an zahlreichen Beispielen verdeutlichen. So läßt sich durch verbesserte Isolation von Gebäuden der Energieeinsatz pro Einheit der gelieferten Nutzwärme beträchtlich verringern. Ferner kann durch den Bau großer Fernwärmenetze bisher ungenutzte Abfallenergie einer sinnvollen Verwendung zugeführt werden. Statt eines Wirkungsgrades von weniger als 40% läßt sich dann bei der Stromerzeugung in der Kraft-Wärme-Kopplung ein Wirkungsgrad von über 65% realisieren, und zwar durch ein Versorgungssystem mit einer außerordentlich hohen Kapitalintensität (Fernwärmenetze; teurere, weil kleinere und aufwendigere Kraftwerke).

Die Substitution von Energie durch andere Produktionsfaktoren, insbesondere durch Kapital, erhöht die Produktivität der Energie in Sozialprodukteinheiten (bzw. senkt den spezifischen Energieeinsatz pro Einheit des Sozialprodukts). Der etwa doppelt so hohe spezifische Energieverbrauch der USA gegenüber der Bundesrepublik geht zum größten Teil auf das dortige System der staatlichen Niedrigpreispolitik für Energie zurück. Hätten die USA eine Preisbildung betrieben, die der wirklichen Knappheit der Energie Rechnung trägt, so wäre dort die Substitution von Energie durch Kapital und Arbeit schneller vorangekommen und dadurch die Lage der Weltenergieversorgung ganz wesentlich entspannt worden; denn auf die USA entfällt immerhin ein Viertel des Weltenergieverbrauchs. Noch schlechter als die USA schneiden die sozialistischen Länder hinsichtlich ihrer Energieproduktivität ab[10]. Bei der UdSSR ist dies zum Teil auf ein Übergewicht der Schwerindustrie zurückzuführen. Allgemein geht die geringere Energieproduktivität der sozialistischen Länder darauf zurück, daß das Fehlen eines Marktpreissystems die knappheitsgerechte Steuerung der Produktionsfaktoren unmöglich macht.

Die Substitution einer besonders knappen Ressource durch weniger knappe, gleichfalls aber erschöpfbare Ressourcen – die sog. Inter-Ressourcen-Substitution – kann das Grundproblem zwar bei unveränderten Produktionstechniken nicht vollends lösen, sondern lediglich entschärfen, indem ein eventueller Kollaps des Systems in die ferne Zukunft verschoben wird. Im Zusammenhang mit der Entwicklung neuer Produktionstechniken wird durch die Inter-Ressourcen-Substitution jedoch eine sprunghafte Verbesserung der gesamten Versorgungssituation bewirkt. So konnte in der Vergangenheit wiederholt durch die Einführung neuer Technologien erreicht werden, daß bisher ökonomisch wertlose Rohstoffe eine enorme ökonomische Bedeutung

[10] Nach Angaben der Weltbank (Weltentwicklungsbericht 1979) lag der spezifische Energieverbrauch im Jahre 1976 (kg Steinkohleäquivalent pro Einheit des Bruttosozialprodukts) in der DDR um 100%, in der UdSSR um 150% über dem der Bundesrepublik.

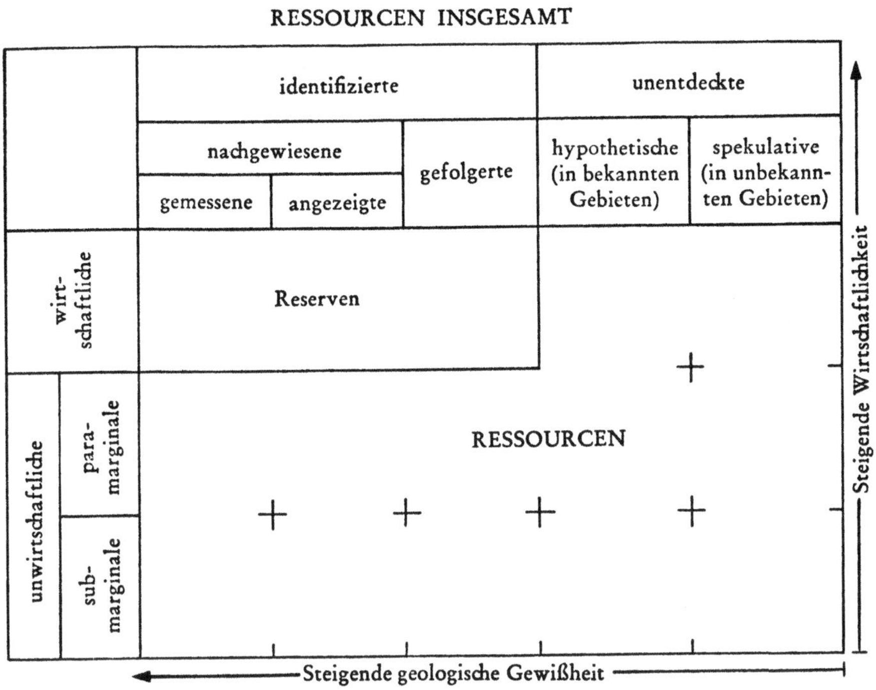

Quelle: U.S. Geological Survey, Principles of the Mineral Resource Classification System of the U.S. Bureau of Mines and the U.S. Geological Survey, Geological Survey Bulletin 1450 – A, 1976.

Abbildung 1: Klassifikationsschema für mineralische Ressourcen

gewannen und bis dahin verwendete natürliche Ressourcen verdrängten. So war beispielsweise Bauxit so lange wertlos, wie es kein Verfahren für die Herstellung von Aluminium gab; mit dem Aluminium erwuchs dem Stahl und dem Kupfer ein bedeutendes Substitutionsgut. Das Mineralöl diente den Indianern in Nordamerika im wesentlichen nur zur Dichtung ihrer Kanus. Uran galt bis in unser Jahrhundert hinein nicht als ein nützlicher Rohstoff. Erst durch die Einführung neuer Technologien – im ersten Fall durch den Verbrennungsmotor, durch Technologien der Chemie und der Ölverbrennung, im letzten Falle durch die Kernspaltung – wurde es möglich, durch diese natürlichen Rohstoffe etablierte Ressourcen zu ersetzen. Man kann also feststellen, daß der technische Fortschritt die Inter-Ressourcen-Substitution teilweise erst ermöglicht und im übrigen entscheidend stimuliert hat.

Eine ähnlich starke Bedeutung wie für die Substitution von erschöpfbaren Ressourcen hat der technische Fortschritt für die Erschöpfbarkeit der Ressourcen selbst. Durch technische Verbesserungen wird ständig die Grenze der technisch und wirtschaftlich gewinnbaren Vorräte hinausgeschoben. Wenn z. B. die in der Erprobung befindlichen Verfahren der in situ-Gewinnung von Öl aus Ölschiefer oder Teersanden, an denen heute gearbeitet wird, zur wirtschaftlichen Produktionsreife entwickelt werden können, wird es möglich sein, diese ein Mehrfaches der konventionellen Ölvorräte ausmachenden Ressourcen umweltschonend zu gewinnen. In der Abb. 1, die eine Klassifikation der verschiedenen Ressourcenbegriffe vornimmt, wird durch den technischen Fortschritt die Grenze der Reserven immer weiter „nach unten" verschoben. Mit den technischen Fortschritten in der Such- und Explorationstechnik ergibt sich eine Verschiebung der Grenze „nach rechts".

Aber auch die Annahme, bei der Produktion werde eine bestimmte Menge einer erschöpfbaren Ressource in dem Sinne „verbraucht", daß nachher keinerlei Verwertung der Ressource mehr möglich sei, ist für zahlreiche industrielle Rohstoffe übertrieben. Der technische Fortschritt brachte „Recycling-Verfahren" hervor, mit deren Hilfe ein Teil der verwendeten Rohstoffmengen wieder für den erneuten Einsatz in der Produktion aufbereitet wird. So verdoppelt sich z. B. die nutzbare Ressourcenmenge, wenn die Hälfte der verbrauchten Einheiten wieder aufbereitet und dem Produktionsprozeß als Input zugeführt werden kann. Selbstverständlich kann durch Recycling niemals die gesamte verwendete Ressourcenmenge dem Faktoreinsatz wieder zugeführt werden, doch kann die effektive Ressourcenknappheit durch Wiederaufbereitung u. U. drastisch reduziert werden.

Ein weiteres Argument ergibt sich aus der Tatsache, daß selbst im Fall der technischen und physikalischen Unmöglichkeit des Recyclings die Abfallprodukte nicht stets ökonomisch wertlos sind. So erhalten dank der Entwicklung neuer technischer Verfahren die Abfälle mancher Ressourcen durchaus Rohstoffcharakter und werden dementsprechend bei der Produktion anderer Güter eingesetzt. Man denke hier etwa an den Einsatz von Schlacke im Straßenbau, die Verbrennung von geeignetem Haus- und Industriemüll bei der Strom- und Wärmeerzeugung und neuerdings auch an die Gewinnung von Öl oder Gas aus Biomasse-Abfall.

Schließlich dürfte auch die Annahme der „Essentialität" einer erschöpfbaren Ressource wie z. B. fossile Energieträger (oder Mineralöl) zumindest auf sehr lange Sicht hin unhaltbar sein. Kann man heute noch realistischerweise davon ausgehen, daß die Energieversorgung ohne erschöpfbare Ressourcen nur in völlig unzureichendem Maße möglich ist und demzufolge die Produktion bei Verzicht auf diese Ressourcen nicht aufrechterhalten werden kann, so gilt dies keinesfalls so sicher für die gesamte Zukunft. Geht man nämlich davon aus, daß ab einem bestimmten Preis für die erschöpfbare Ressource die

Entwicklung und der Einsatz sog. backstop-technologies[11] rentabel möglich ist, so wird die erschöpfbare Ressource „inessentiell".

Nach diesen kritischen Bemerkungen zu den unrealistischen Modellen, mit denen Fristen bis zum Erreichen natürlicher Wachstumsgrenzen berechnet werden, muß jedoch noch auf zwei vereinfachende Annahmen anderer Wachstumsmodelle hingewiesen werden, die in die entgegengesetzte Richtung wirken. Es sind die Annahmen hinsichtlich der Bevölkerungsentwicklung und der Homogenität der erschöpfbaren Ressourcen, die viel zu optimistisch ausfallen.

So wird vielfach eine konstante Bevölkerung unterstellt. Wachstum bedeutet dann Erhöhung des Sozialprodukts. Geht man hingegen von einer wachsenden Bevölkerung aus, so liegt Wachstum im Sinne einer verbesserten Güterversorgung erst vor, wenn die pro-Kopf-Produktion steigt. Zur Aufrechterhaltung einer konstanten Wachstumsrate des pro-Kopf-Einkommens muß die gesamtwirtschaftliche Produktion dann mit einer Rate zunehmen, die sich durch Addition von Bevölkerungs- und pro-Kopf-Einkommen-Wachstumsrate ergibt. Dementsprechend verschärfen sich natürlich die Anforderungen an die Substituierbarkeit, an den technischen Fortschritt und andere bereits geschilderte Quellen wirtschaftlichen Wachstums. Das gilt auch dann, wenn man berücksichtigt, daß bei wachsender Bevölkerung der Faktor Arbeit in steigendem Umfange zur Verfügung steht und damit insoweit die Substitution von Ressourcen durch menschliche Arbeit in der Produktion erleichtert wird.

Eine weitere unrealistische Annahme vieler Wachstumsmodelle ist die der homogenen natürlichen Rohstoffe. Die Homogenität bezieht sich dabei sowohl auf die Qualität der Ressource als auch auf ihre Extraktions- und Transportkosten. Weitaus realistischer als die Existenz einer aus strikter physischer Begrenztheit folgenden Ressourcenknappheit ist bei den meisten erschöpfbaren Ressourcen die Annahme, daß die absolute Grenze der insgesamt überhaupt verfügbaren Ressourcen wegen der extrem hohen Kosten ihrer Gewinnung (einschließlich des Rohstoff- und Energieaufwandes) vielfach nie erreicht werden wird. Kehren wir zur Abb. 1 zurück, so können wir sagen, daß die Vergrößerung der Reserven aufgrund technischer Fortschritte und aufgrund steigender Preise niemals soweit fortschreiten wird, daß sie bei jeder Ressource schließlich das gesamte Diagramm füllt.

[11] Eine backstop-technology bezeichnet einen Produktionsprozeß, bei dem für die Produktion des betreffenden Gutes oder eines perfekten Substituts der knappe Rohstoff nicht mehr eingesetzt wird.

Zusammenfassend ist festzustellen, daß eine theoretische Analyse der Wachstumschancen bei Vorliegen erschöpfbarer natürlicher Produktionsfaktoren durchaus Möglichkeiten aufzeigt, das wirtschaftliche Wachstum aufrechtzuerhalten. Notwendig sind die Substituierbarkeit natürlicher erschöpfbarer Ressourceninputs durch reproduzierbare Produktionsfaktoren und vor allem ein in die verschiedenen genannten Richtungen wirkender technischer Fortschritt. Ob die Möglichkeiten der Substitution und des technischen Fortschritts in der Realität jedoch hinreichend stark ausgeprägt sind, und ob diese Möglichkeiten auch in der Gesellschaft akzeptiert werden, läßt sich nur empirisch beantworten.

5. *Vorläufige empirische Ergebnisse*

Aus der Wachstumstheorie, die knappe natürliche Ressourcen bei der Bestimmung optimaler Wachstumspfade berücksichtigt, können nicht unmittelbar Prognosen über die Wachstumsaussichten der konkret existierenden Wirtschaftssysteme gewonnen werden. Die Theorie zeigt lediglich, welche Größen prognostiziert werden müssen, um eine fundierte Aussage über die Wachstumschancen in der Zukunft zu ermöglichen. Sie kann also lediglich die Fragestellung auf das empirische Problem zuschneiden. Die richtige Fragestellung ist aber auch hier von fundamentaler Bedeutung: Der Club of Rome hat mit seiner falschen Fragestellung Verwirrung gestiftet und manche Fehl-Prognosen ausgelöst.

Notwendig für eine Wachstumsprognose ist die Formulierung fundierter Hypothesen über das Bevölkerungswachstum, die Entwicklungstendenzen des technischen Fortschritts und über die Entdeckung neuer Vorräte der verschiedenen natürlichen Ressourcen. Neben Hypothesen über diese drei Wachstumsdeterminanten sind die verschiedenen tolerierbaren Belastungsgrade der natürlichen Umwelt von grundlegender Bedeutung, im allgemeinen jedoch nicht, wie in der Öffentlichkeit meist gedacht wird, als das Wachstum absolut limitierende Faktoren. Die ökonomische Theorie hat auf eine weitere fundamentale Bestimmungsgröße des Wachstums hingewiesen: auf die Substitution von Faktoren und Gütern. In dem Maße, in dem die empirische Forschung in der Lage ist, brauchbare Informationen über diese Substitutionsmöglichkeiten sowie über die andern Determinanten wirtschaftlichen Wachstums bereitstellen, kann man die Entwicklung des Wachstums mit einiger Sicherheit prognostizieren.

Es gibt grundsätzlich zwei verschiedene Möglichkeiten, um zu Vorhersagen über einzelne Determinanten des Wachstums zu gelangen, aus denen dann eine Gesamtprognose gewonnen werden kann. Zum einen kann man versuchen, subjektive Wahrscheinlichkeiten über die Größe von neuen Ressourcenfunden, über den technischen Fortschritt u. a. m. zu bestimmen. Dies geschieht meist auf dem Wege der Befragung von Experten (z. B. unter Verwendung der Delphi-Technik). Geologen sind heute in der Lage, bei den besonders knappen natürlichen Ressourcen mit einiger Sicherheit die Größe der Entdeckung weiterer Vorkommen abzuschätzen, weil die Suchtätigkeit sich vor allem auf diese Ressourcen konzentriert und das geologische Wissen sich dementsprechend verbessert hat. Unter Physikern besteht eine gewisse Zuversicht, daß innerhalb der nächsten einhundert Jahre das Energieproblem durch neue Techniken in dem Sinne gelöst werden kann, daß die erschöpfbaren natürlichen Ressourcen dann nur noch eine untergeordnete Rolle spielen.

Die Ökonomen bedienen sich einer andern Methode. Sie beobachten, was in der Vergangenheit war und unterstellen, daß der mit Hilfe ökonometrischer Verfahren identifizierte Zusammenhang auch in der Zukunft fortgelten wird. Dieses Vorgehen nach dem Prinzip des „Die Natur macht keine Sprünge!" ist formal sehr exakt, spiegelt aber möglicherweise dadurch mehr Genauigkeit vor, als tatsächlich geleistet werden kann. Das soll an empirischen Tests über die Stärke der Substitutionsbeziehungen zwischen natürlichen Ressourcen auf der einen Seite und reproduzierbaren Produktionsfaktoren auf der andern Seite kurz demonstriert werden.

In der Ökonomie wird die Stärke der Substitutionalität zwischen Produktionsfaktoren durch die sog. Substitutionselastizität gemessen. Dieses statistisch erfaßbare Maß gibt an, wie stark sich das Einsatzverhältnis der Produktionsfaktoren ändert, wenn sich das Verhältnis ihrer Preise ändert. Wird die Einsatzmenge einer natürlichen Ressource selbst nach einer starken Erhöhung ihres Preises kaum verringert, so ist die Substitutionselastizität nahe Null. Umgekehrt bewirkt bei einer sehr großen Substitutionselastizität schon eine geringe Erhöhung des Ressourcenpreises (im Verhältnis zu den Preisen der anderen Produktionsfaktoren) eine Umstellung in der Produktion, bei der der Einsatz der teurer gewordenen Ressource überproportional verringert wird. Wenn die Substitutionselastizität kleiner als eins ist, sind die Faktoren „essentiell", d. h. fehlt einer der Faktoren, so ist eine Produktion des Gutes nicht möglich. Bei einer Substitutionselastizität von größer als eins ist eine Produktion auch dann möglich, wenn auf einen Produktionsfaktor völlig verzichtet werden müßte.

Die Problematik der empirischen Untersuchungen ist evident: Bleiben die in der Vergangenheit gefundenen Substitutionselastizitäten auch in der Zukunft, nachdem bereits eine weitgehende Substitution stattgefunden hat, konstant oder nehmen die Substitutionsmöglichkeiten nicht im Verlauf des fortschreitenden Substitutionsprozesse ab? Diese Frage kann offenkundig nicht empirisch beantwortet werden. Gleichwohl aber ist es von Interesse, Schätzungen der Substitutionselastizitäten für die Prognose der künftigen Wachstumschancen als eine Teilinformation heranzuziehen, die ggf. noch mit der auf anderm Wege gewonnenen Information der naturwissenschaftlichen Disziplinen zu einer Gesamtaussage verbunden werden kann.

Die vorliegenden Arbeiten kommen durchweg zu dem Ergebnis, daß die Substitutionselastizitäten zwischen natürlichen Ressourcen und Kapital sowie zwischen ihnen und Arbeit weit über eins liegen[12]. Auch im Energiesektor sind die ökonomisch geschätzten Substitutionselastizitäten hoch. So erhielten GRIFFIN und GREGORY in einer Querschnittsanalyse für mehrere Industrieländer Substitutionselastizitäten für Energie/Kapital und Energie/Arbeit um eins[13]. In Zeitreihenuntersuchungen anderer Autoren ergeben sich etwas geringere Werte[14]. Neben Substitutionsmöglichkeiten der Energie durch Kapital und Arbeit können im Energiebereich auch verschiedene fossile und nichtfossile Energieträger gegeneinander substituiert werden[15]. Diese Inter-Ressourcen-Substitution kann zwar nicht zur Entschärfung der Energieknappheit insgesamt beitragen, jedoch werden Abhängigkeiten von einzelnen Primärenergieträgern wesentlich vermindert.

Trotz aller methodischen Kritik, die gegen diese Untersuchungen vorgebracht werden kann, kann aus ihnen gefolgert werden, daß die Substitutionsmöglichkeiten von natürlichen Ressourcen in der Vergangenheit von vielen Untersuchungen, insbesondere vom Club of Rome, erheblich unterschätzt wurden. Bei einer Übertragung auf die Zukunft ist jedoch zweierlei zu bedenken. Auf der einen Seite kann die Substitution natürlicher Ressourcen durch verstärkte Innovationen noch wesentlich verstärkt werden. Günstige Chancen liegen zweifellos vor, ihre Nutzung ist Aufgabe der Wirtschaftspolitik und der Unternehmen. Zum andern ist aber auch zu bedenken, daß

[12] BROWN, G. M. und FIELD, B., The Adequacy of Measures for Signaling the Scarity of Natural Resources, in: Scarcity and Growth Reconsidered, Smith, V. K. (Hrsg.), Baltimore, London 1979, S. 218–248. Während BROWN und FIELD die Substitutionselastizitäten für jede einzelne Ressource berechnen, fassen HUMPHREY und MORONEY vierzehn verschiedene Rohstoffe zu einem Aggregat zusammen. HUMPHREY, D. B. and MORONEY, J. R., Substitution Among Capital, Labor and Natural Resource Products in American Manufacturing, in: Journal of Political Economy, Vol. 83 (1975), S. 57–82.

[13] GRIFFIN, J. M. and GREGORY, P. R., An Inter-Country Translog Model of Energy Substitution Responses, in: American Economic Review, Vol. 66 (1976), S. 845–857.

[14] BERNDT, E. R. and WOOD, D. O., Technology, Prices, and the Derived Demand for Energy, in: Review of Economics and Statistics, Vol. 57 (1975), S. 259–268.

[15] PINDYCK, R. S., Interfuel Substitution and the Industrial Demand for Energy: An International Comparison, in: Review of Economics and Statistics, Vol. 61 (1979), S. 169–179.

die Substitution dem Kriterium der sozialen Akzeptanz genügen muß. Soweit die Substitution verstärkt durch die Entwicklung von sog. hard technologies erfolgt, sind Zweifel an der Erfüllung dieses Kriteriums angebracht.

6. *Wirtschaftspolitische Wachstumsvorsorge*

Abschließend sollen einige wirtschaftspolitische Ansätze beschrieben werden, die dem Ziel der Aufrechterhaltung wirtschaftlichen Wachstums trotz erschöpfbarer natürlicher Ressourcen dienen können. Generell muß die Wirtschaftspolitik dort ansetzen, wo ihr die theoretische Analyse sinnvolle Eingriffsmöglichkeiten aufzeigt. Deshalb schließen die folgenden wirtschaftspolitischen Strategien eng an die theoretischen Argumente an.

Wie bereits betont wurde, kommt der Substitution knapper erschöpfbarer Ressourcen durch reproduzierbare Faktoren, durch regenerierbare Ressourcen oder durch weniger knappe erschöpfbare Ressourcen fundamentale Bedeutung zu. Grundsätzlich funktionieren alle Märkte nach dem Substitutionsprinzip: Steigt der Preis für ein Gut, so nimmt der Verbrauch ab und es werden statt dessen andere, weniger knappe Güter nachgefragt. Nun sind die Substitutionsmöglichkeiten verschiedener Rohstoffe aber unterschiedlich stark ausgeprägt, und vor allem für die in kurzfristiger Betrachtung essentiellen Ressourcen (z. B. Rohöl) gilt, daß die langfristigen Nachfrageelastizitäten deutlich über den kurzfristigen liegen. Damit die Substitutionsprozesse rechtzeitig in Gang gesetzt werden, ist es also notwendig, daß der Ressourcenpreis in seiner Höhe und in seiner Entwicklungstendenz die Knappheit adäquat widerspiegelt. Die richtigen Preissignale sind für die Akteure notwendige Voraussetzung für eine effiziente Investitionsplanung und damit für eine effiziente Verteilung der Nutzung der erschöpfbaren Ressourcen über die Zeit. Deswegen muß die Wirtschaftspolitik darum besorgt sein, daß sich am Markt stets der wirkliche Knappheitspreis einstellen kann. Diese Aufgabe beinhaltet neben der Ablehnung einer künstlichen Verbilligung von knappen natürlichen Ressourcen durch Preiskontrollen oder Preissubventionen auch die Beseitigung von Marktunvollkommenheiten, die verhindern, daß der Marktpreis die realen Knappheitsverhältnisse adäquat widerspiegelt.

Die Substitution erschöpfbarer Ressourcen wirkt nicht allein in die Richtung, daß bei unveränderter Produktionsstruktur die Einsatzverhältnisse der Produktionsfaktoren verändert werden. Steigende Ressourcenpreise verändern darüber hinaus die Zusammensetzung des in der Volkswirtschaft produzierten Güterbündels selbst. So wird sich der Trend des steigenden Anteils der Beschäftigten im privaten und öffentlichen Dienstleistungsbereich zu

Lasten des produzierenden Gewerbes, insbesondere der Industrie, unter dem Druck steigender realer Preise für die natürlichen Ressourcen noch verstärken. Kann man wenigstens teilweise davon ausgehen, daß diese Strukturänderungen vom Markt selbst über die höheren Ressourcenpreise in Gang gesetzt werden, so erfordert die stetige Strukturanpassung doch zusätzlich noch wirtschaftspolitische Weichenstellungen. Die Strukturpolitik sollte dabei neben der verstetigenden auch eine aktive Wirkung ausüben, indem sie die unvermeidbaren Friktionen der Strukturanpassung nicht durch eine Subventions- und Strukturerhaltungspolitik zu kaschieren versucht, sondern rechtzeitig die Herausbildung neuer Strukturen ermöglicht.

Eine weitere wirtschaftspolitische Maßnahme sollte die Innovationsstrategie sein. Da der technische Fortschritt weitgehend über das Vehikel eines modernisierten Kapitalstocks in den Produktionsprozeß eingeführt werden muß, entscheidet die laufende Brutto-Investition über das Tempo des technischen Fortschritts. Häufig sind zwar die technischen Voraussetzungen ressourcensparender Produktionsprozesse gegeben, doch beeinträchtigen die hohen Kosten und Risiken der Einführung von Innovationen ihre Realisierung. Da mit Innovationen allemal auch positive externe Effekte, d. h. Vorteile zugunsten Dritter, entstehen, kann es vertreten werden, wenn der Staat sich an den Risiken solcher Innovationen beteiligt, z. B. über entsprechende Steuererleichterungen.

Wie bereits erwähnt wurde, sind alle diese Maßnahmen nur erfolgversprechend, wenn das Problem der wachsenden Erdbevölkerung in absehbarer Zukunft befriedigend gelöst werden kann. Gelingt es nicht, die exponentielle Zunahme der Weltbevölkerung zu stoppen, so dürften der Einfallsreichtum unserer Naturwissenschaftler und Ingenieure und die Flexibilität unserer Unternehmer und Arbeiter bei den strukturellen Anpassungen im ganzen nicht hinreichen, um auf längere Sicht hin für die Welt als Ganzes wirtschaftliches Wachstum im Sinne eines Wachstums des pro-Kopf-Sozialprodukts aufrechtzuerhalten. In dem dann verschärften Verteilungskampf um die knappen natürlichen Ressourcen würden die Schwachen, das sind die Entwicklungsländer, unterliegen. In einer schnell fortschreitenden Verringerung des Bevölkerungswachstums der Welt, die schließlich in eine stationäre Weltbevölkerung mündet, sehe ich die entscheidende Vorbedingung für alle Bemühungen, trotz erschöpfbarer natürlicher Ressourcen einen wachsenden Wohlstand zu ermöglichen, an dem alle Länder und Bevölkerungsschichten teilhaben.

Veröffentlichungen der Rheinisch-Westfälischen Akademie der Wissenschaften

Neuerscheinungen 1976 bis 1981

Vorträge N Heft Nr.		NATUR-, INGENIEUR- UND WIRTSCHAFTSWISSENSCHAFTEN
257	*Joseph Straub, Köln*	Fortschritte in der Kultur von Pflanzenzellen – neue Züchtungsmethoden
	Meinhart H. Zenk, Bochum	Das physiologische Potential pflanzlicher Zellkulturen
258	*Hans Cottier, Bern*	Die Lebensgeschichte der Lymphozyten und ihre Funktionen
	Sven Effert, Aachen	Über einige neuere Möglichkeiten der Herzdiagnostik
259	*Dietrich Welte, Aachen*	Anwendung der organischen Geochemie für die Erdölexploration
	Werner Schreyer, Bochum	Hochdruckforschung in der modernen Gesteinskunde
260	*Ilya Prigogine, Brüssel*	L'Ordre par Fluctuations et le Système Social
	Josef Meixner, Aachen	Entropie einst und jetzt
261	*Horst E. Müser, Saarbrücken*	Grundlagen und Anwendungen der Ferroelektrizität
	Heinz Bittel, Münster	Das Rauschen, ein ebenso interessantes wie störendes Phänomen
262	*Ekkehard Grundmann, Münster*	Vorstadien des Krebses
	Norbert Hilschmann, Göttingen	Das Antikörperproblem, ein Modell für das Verständnis der Zelldifferenzierung auf molekularer Ebene
263	*Hans K. Schneider, Köln*	Die Zukunft unserer Energiebasis als ökonomisches Problem
	Hans Frewer, Erlangen	Wandel der Energietechnik durch Einsatz neuer Energieträger
264	*Wolfgang Pitsch, Düsseldorf*	Thermodynamik der Eisenmischkristalle
	Bernhard Ilschner, Erlangen	Innere Regelkreise bei der Hochtemperatur-Verformung kristalliner Festkörper
265	*Franz Huber, Seewiesen (Obb.)*	Lautäußerungen und Lauterkennen bei Insekten (Grillen)
		Jahresfeier am 26. Mai 1976
266	*Herbert Giersch, Kiel*	Perspektiven der Entwicklung der Weltwirtschaft
	Norbert Szyperski, Köln	Unternehmungs- und Gebietsentwicklung als Aufgabe einzelwirtschaftlicher und öffentlicher Planung
267	*Hans Brand, Erlangen*	Möglichkeiten und Grenzen einer technischen Nutzung der Sonnenenergie
	Karl-Friedrich Knoche, Aachen	Thermochemische Wasserzersetzungsprozesse
268	*Bartel Leendert van der Waerden, Zürich*	Die vier Wissenschaften der Pythagoreer
	Hans Hermes, Freiburg i. Br.	Hundert Jahre formale Logik
269	*Karl Ernst Wohlfarth-Bottermann, Bonn*	Cytoplasmatische Actomyosine und ihre Bedeutung für Zellbewegungen
	Ernst Zebe, Münster	Anaerober Stoffwechsel bei wirbellosen Tieren
270	*Ronald Mason, Brighton, U. K.*	The Evolution of a Coordination and Organometallic Chemistry of Surfaces
	Max Schmidt, Würzburg	Elementarer Schwefel – neue Fragen zu einem alten Problem
271	*Wolfgang Flaig, Braunschweig*	Fortschritte auf dem Gebiet der Biochemie des Bodens im Bezug zur pflanzlichen Produktion (Übersicht)
	Hermann Kick, Bonn	Probleme der Düngung in der modernen Landwirtschaft
272	*Dietrich W. Lübbers, Dortmund*	Die Sauerstoffversorgung der Warmblüterorgane unter normalen und pathologischen Bedingungen
	Gerhard Neuweiler, Frankfurt/M.	Die Echoortung der Fledermäuse
273	*Ulrich Bonse, Dortmund*	Interferometrie mit Röntgen- und Neutronenstrahlen
	Horst Stegemeyer, Paderborn	Flüssige Kristalle: Strukturen, Eigenschaften und Bedeutung
274	*Kurt Fränz, Ulm*	Humanismus und Technik – Variationen über ein altes Thema
275	*Joseph Rutenfranz, Dortmund*	Arbeitsphysiologische Grundprobleme von Nacht- und Schichtarbeit
	Rainer Bernotat, Meckenheim	Ergonomische Gestaltung von Mensch-Maschine-Systemen

276	*Gerhard Fels, Kiel*	Wiederbelebung der privaten Investitionstätigkeit als wirtschaftspolitische Aufgabe
	Herbert Hax, Köln	Finanzwirtschaftliche Planung in der Unternehmung bei Geldentwertung
277	*Friedrich Liebau, Kiel*	Fortschritte auf dem Gebiet der Kristallchemie der Silikate
278	*Heinrich Kuttruff, Aachen*	Gelöste und ungelöste Fragen der Konzertsaalakustik
	Hermann Schenck, Aachen	Prosperität und Handlungsfreiheit der Stahlindustrie im Kraftfeld konjunktureller und struktureller Bewegungen
279	*Joseph Straub, Köln*	Züchtungsforschung im Dienste der Ernährung Jahresfeier am 3. Mai 1978
280	*Heinrich Mandel, Essen*	Die Kernenergie im Spannungsfeld zwischen wirtschaftlicher Nutzung und öffentlicher Billigung
281	*Wolfgang Zerna, Bochum*	Probleme des Spannbetons
	Karl Kordina, Braunschweig	Über das Brandverhalten von Bauteilen und Bauwerken
282	*Werner H. Hauss, Münster*	Über die Möglichkeit, Koronarsklerose und Herzinfarkt zu verhüten und zu behandeln
	Ludwig E. Feinendegen, Jülich	Externe Messung von Herzstruktur und -funktion
283	*Gotthilf Hempel, Kiel*	Meeresfischerei als ökologisches Problem
	Eugen Seibold, Kiel	Rohstoffe in der Tiefsee – Geologische Aspekte
284	*Heinz-Günther Wittmann, Berlin*	Ribosomen und Proteinbiosynthese
285	*Helmut Domke, Aachen*	Sicherungsmaßnahmen gegen Bergschäden und Erdbeben
	Friedrich-Wilhelm Gundlach, Berlin	Der Einfluß des Regens auf die Ausbreitung von Mikrowellen
286	*Horst Rollnik, Bonn*	Ideen und Experimente für eine einheitliche Theorie der Materie
287	*John C. Harsanyi, Berkeley, Bonn*	A new solution concept for both cooperative and noncooperative games
	Reinhard Selten, Bielefeld	Experimentelle Wirtschaftsforschung
288	*Friedrich Hund, Göttingen*	Die Rolle des Dualismus Welle-Teilchen beim Werden der Quantentheorie
	Claus Müller, Aachen	Neue Verfahren zur Lösung der elliptischen Randwertprobleme der Mathematischen Physik
289	*Ulrich Hütter, Stuttgart*	Moderne Windturbinen
	Rudolf Schulten, Jülich	Kernenergietechnik heute
290	*Paul Arthur Mäcke, Aachen*	Planerische Möglichkeiten für einen humanen Stadtverkehr
	Karlheinz Roik, Bochum	Schrägseilbrücken – Beispiele und Entwicklungstendenzen im modernen Stahlbrückenbau
291	*Stefan Vogel, Wien*	Florengeschichte im Spiegel blütenökologischer Erkenntnisse
	Walter Larcher, Innsbruck	Klimastreß im Gebirge – Adaptationstraining und Selektionsfilter für Pflanzen
292	*Günther Gerisch, Basel*	Periodische Enzymaktivierung als Kontrollfaktor multizellulärer Entwicklung
	Jens Blauert, Bochum	Neuere Ergebnisse zum räumlichen Hören
293	*Franz Grosse-Brockhoff, Düsseldorf*	Herzbehandlung mit dem ‚Fingerhut' einst und jetzt
294	*Norbert Kloten Stuttgart*	Das Europäische Währungssystem. Eine europapolitische Grundentscheidung im Rückblick
295	*Karl Schindler, Bochum*	Die Magnetosphäre der Erde und ihre Dynamik
296	*Eugene P. Cronkite, New York*	The hungry granulocyte – Its fate and regulation of production
297	*Volker Aschoff, Aachen*	Aus der Geschichte der Telegraphen-Codes
	Hans Dieter Lüke, Aachen	Moderne Probleme der Nachrichten-Codierung
298	*Karl Kremer, Düsseldorf*	Kunststoffe in der Chirurgie
	Gerd Meyer-Schwickerath, Essen	Augenoperationen in mikroskopischen Dimensionen
299	*Wolfgang Backé, Aachen*	Die Rolle der Fluidtechnik bei der Entwicklung neuartiger Maschinenkonzepte
	Rolf Staufenbiel, Aachen	Entwicklung des zivilen Luftverkehrs unter den Aspekten der Umweltbelastung und dem Zwang von Energieersparnis
300	*Hans Adolf Krebs, Oxford*	On asking the right kind of question in biological research
	Jozef Schell, Köln	Neue Aussichten für die Pflanzenzüchtung: Gen-Übertragung mit dem Ti-Plasmid
302	*Albrecht Rabenau, Stuttgart*	Lithiumnitrid und verwandte Stoffe
	Ulrich Wannagat, Braunschweig	Sila-Substitutionen
303	*Hans K. Schneider, Köln*	Wirtschaftliches Wachstum – trotz erschöpfbarer natürlicher Ressourcen? Jahresfeier am 11. Juni 1980

ABHANDLUNGEN

Band Nr.		
30	*Walther Hubatsch, Bonn u. a.*	Deutsche Universitäten und Hochschulen im Osten
31	*Anton Moortgat, Berlin*	Tell Chuēra in Nordost-Syrien. Bericht über die vierte Grabungskampagne 1963
32	*Albrecht Dihle, Köln*	Umstrittene Daten. Untersuchungen zum Auftreten der Griechen am Roten Meer
33	*Heinrich Behnke und Klaus Kopfermann (Hrsg.), Münster*	Festschrift zur Gedächtnisfeier für Karl Weierstraß 1815–1965
34	*Joh. Leo Weisgerber, Bonn*	Die Namen der Ubier
35	*Otto Sandrock, Bonn*	Zur ergänzenden Vertragsauslegung im materiellen und internationalen Schuldvertragsrecht. Methodologische Untersuchungen zur Rechtsquellenlehre im Schuldvertragsrecht
36	*Iselin Gundermann, Bonn*	Untersuchungen zum Gebetbüchlein der Herzogin Dorothea von Preußen
37	*Ulrich Eisenhardt, Bonn*	Die weltliche Gerichtsbarkeit der Offizialate in Köln, Bonn und Werl im 18. Jahrhundert
38	*Max Braubach, Bonn*	Bonner Professoren und Studenten in den Revolutionsjahren 1848/49
39	*Henning Bock (Bearb.), Berlin*	Adolf von Hildebrand, Gesammelte Schriften zur Kunst
40	*Geo Widengren, Uppsala*	Der Feudalismus im alten Iran
41	*Albrecht Dihle, Köln*	Homer-Probleme
42	*Frank Reuter, Erlangen*	Funkmeß. Die Entwicklung und der Einsatz des RADAR-Verfahrens in Deutschland bis zum Ende des Zweiten Weltkrieges
43	*Otto Eißfeld, Halle, und Karl Heinrich Rengstorf (Hrsg.), Münster*	Briefwechsel zwischen Franz Delitzsch und Wolf Wilhelm Graf Baudissin 1866–1890
44	*Reiner Haussherr, Bonn*	Michelangelos Kruzifixus für Vittoria Colonna. Bemerkungen zu Ikonographie und theologischer Deutung
45	*Gerd Kleinheyer, Regensburg*	Zur Rechtsgestalt von Akkusationsprozeß und peinlicher Frage im frühen 17. Jahrhundert. Ein Regensburger Anklageprozeß vor dem Reichshofrat. Anhang: Der Statt Regenspurg Peinliche Gerichtsordnung
46	*Heinrich Lausberg, Münster*	Das Sonett *Les Grenades* von Paul Valéry
47	*Jochen Schröder, Bonn*	Internationale Zuständigkeit. Entwurf eines Systems von Zuständigkeitsinteressen im zwischenstaatlichen Privatverfahrensrecht aufgrund rechtshistorischer, rechtsvergleichender und rechtspolitischer Betrachtungen
48	*Günther Stökl, Köln*	Testament und Siegel Ivans IV.
49	*Michael Weiers, Bonn*	Die Sprache der Moghol der Provinz Herat in Afghanistan
50	*Walther Heissig (Hrsg.), Bonn*	Schriftliche Quellen in Moġolī. 1. Teil: Texte in Faksimile
51	*Thea Buyken, Köln*	Die Constitutionen von Melfi und das Jus Francorum
52	*Jörg-Ulrich Fechner, Bochum*	Erfahrene und erfundene Landschaft. Aurelio de' Giorgi Bertòlas Deutschlandbild und die Begründung der Rheinromantik
53	*Johann Schwartzkopff (Red.), Bochum*	Symposium ‚Mechanoreception'
54	*Richard Glasser, Neustadt a. d. Weinstr.*	Über den Begriff des Oberflächlichen in der Romania
55	*Elmar Edel, Bonn*	Die Felsgräbernekropole der Qubbet el Hawa bei Assuan. II. Abteilung. Die althieratischen Topfaufschriften aus den Grabungsjahren 1972 und 1973
56	*Harald von Petrikovits, Bonn*	Die Innenbauten römischer Legionslager während der Prinzipatszeit
57	*Harm P. Westermann u. a., Bielefeld*	Einstufige Juristenausbildung. Kolloquium über die Entwicklung und Erprobung des Modells im Land Nordrhein-Westfalen
58	*Herbert Hesmer, Bonn*	Leben und Werk von Dietrich Brandis (1824–1907) – Begründer der tropischen Forstwirtschaft. Förderer der forstlichen Entwicklung in den USA. Botaniker und Ökologe
59	*Michael Weiers, Bonn*	Schriftliche Quellen in Moġolī, 2. Teil: Bearbeitung der Texte

60	*Reiner Haussherr Bonn*	Rembrandts Jacobssegen Überlegungen zur Deutung des Gemäldes in der Kasseler Galerie
61	*Heinrich Lausberg, Münster*	Der Hymnus ›Ave maris stella‹
62	*Michael Weiers, Bonn*	Schriftliche Quellen in Mogoli, 3. Teil: Poesie der Mogholen
63	*Werner H. Hauss (Hrsg.), Münster, Robert W. Wissler, Chicago, Rolf Lehmann, Münster*	International Symposium 'State of Prevention and Therapy in Human Arteriosclerosis and in Animal Models'
64	*Heinrich Lausberg, Münster*	Der Hymnus ›Veni Creator Spiritus‹
65	*Nikolaus Himmelmann, Bonn*	Über Hirten-Genre in der antiken Kunst
66	*Elmar Edel, Bonn*	Die Felsgräbernekropole der Qubbet el Hawa bei Assuan. Paläographie der althieratischen Gefäßaufschriften aus den Grabungsjahren 1960 bis 1973

Sonderreihe
PAPYROLOGICA COLONIENSIA

Vol. I *Aloys Kehl, Köln*	Der Psalmenkommentar von Tura, Quaternio IX
Vol. II *Erich Lüddeckens, Würzburg, P. Angelicus Kropp O. P., Klausen, Alfred Hermann und Manfred Weber, Köln*	Demotische und Koptische Texte
Vol. III *Stephanie West, Oxford*	The Ptolemaic Papyri of Homer
Vol. IV *Ursula Hagedorn und Dieter Hagedorn, Köln Louise C. Youtie und Herbert C. Youtie, Ann Arbor*	Das Archiv des Petaus (P. Petaus)
Vol. V *Angelo Geißen, Köln*	Katalog Alexandrinischer Kaisermünzen der Sammlung des Instituts für Altertumskunde der Universität zu Köln Band 1: Augustus-Trajan (Nr. 1–740) Band 2: Hadrian-Antoninus Pius (Nr. 741–1994)
Vol. VI *J. David Thomas, Durham*	The epistrategos in Ptolemaic and Roman Egypt. Part 1: The Ptolemaic epistrategos
Vol. VII	Kölner Papyri (P. Köln)
Bärbel Kramer und Robert Hübner (Bearb.), Köln	Band 1
Bärbel Kramer und Dieter Hagedorn (Bearb.), Köln	Band 2
Bärbel Kramer, Michael Erler, Dieter Hagedorn und Robert Hübner (Bearb.), Köln	Band 3
Vol. VIII *Sayed Omar, Kairo*	Das Archiv des Soterichos (P. Soterichos)
Vol. IX *Dieter Kurth, Heinz-Josef Thissen und Manfred Weber (Bearb.), Köln*	Kölner ägyptische Papyri (P. Köln ägypt.) Band 1

Verzeichnisse sämtlicher Veröffentlichungen der
Rheinisch-Westfälischen Akademie der Wissenschaften können beim
Westdeutschen Verlag GmbH, Postfach 300 620, 5090 Leverkusen 3 (Opladen),
angefordert werden

GPSR Compliance

The European Union's (EU) General Product Safety Regulation (GPSR) is a set of rules that requires consumer products to be safe and our obligations to ensure this.

If you have any concerns about our products, you can contact us on ProductSafety@springernature.com

In case Publisher is established outside the EU, the EU authorized representative is:

Springer Nature Customer Service Center GmbH
Europaplatz 3
69115 Heidelberg, Germany

Batch number: 10809636

Printed by Printforce, the Netherlands